DE L'OPÉRA

EN L'AN XII;

Par M. BONET DE TREICHES, ex-Législateur,

DIRECTEUR DE L'ACADÉMIE IMPÉRIALE DE MUSIQUE,

ET MEMBRE DE PLUSIEURS SOCIÉTÉS SAVANTES.

PARIS,

De l'Imprimerie de BALLARD, Imprimeur de l'Académie
impériale de Musique, rue J.-J. Rousseau, n°. 14.

AN XII. — 1803.

AVANT-PROPOS.

I

J'ENTREPRENDS ce qu'aucun administrateur de l'Opéra n'a encore osé tenter ; je vais montrer au grand jour les causes et les vices qui s'opposent à la marche et aux progrès de ce grand établissement.

Je m'attends à exciter biens des clameurs ; les personnes intéressées au maintien des désordres que je relève, les ambitieux, les intrigans du dedans et du dehors, vont se mettre en mouvement. Plus envieux du pouvoir qui m'est confié, qu'ennemis de ma personne, ils renouvelleront, contre le maintien de ce pouvoir, leurs intrigues ténébreuses; mais ils ne parviendront point à leur but, ils se sont eux-mêmes démasqués, leurs armes ont cessé d'être dangereuses, elles se sont brisées contre le silence et le dédain que je leur ai constamment opposés.

Eux et leurs partisans pâliront devant la vérité, mais les vrais amis des arts apprécieront mon dévouement.

Les principaux artistes de l'Opéra ne liront pas, sans intérêt, un écrit qui consacre leur gloire, honore leurs talens et tend à garantir le sort de leur vieillesse ; je suis certain qu'ils me sauront quelque gré de mon courage à dénoncer les longs abus et les vices secrets de ce théâtre. Peut-être devront-ils, à ma franchise, les routes nouvelles qui conduiront l'Opéra à une plus haute perfection et à toute la magnificence dont il est susceptible.

En prenant la plume, la vérité et mon devoir ont été mes seuls guides.

J'ai pensé que je serais peut-être assez heureux pour seconder, en ce qui me concerne, les vues sages et bienfaisantes du Gouvernement qui, consacrant ses pensées et ses veilles à la prospérité générale, veut descendre dans les détails de chaque administration de l'Empire, afin d'assurer le bonheur individuel des membres de la grande famille.

Nota. La plus grande partie de cet Ouvrage a été imprimée dans le courant de messidor an 12.

———————

DE L'OPÉRA
EN L'AN XII.

Tous les yeux sont fixés sur ce spectacle; on connaît sa situation pénible; on demande pourquoi sa marche est si difficile; on veut savoir comment, avec une recette de 700,000 francs, et un secours annuel de 600,000, il est toujours arriéré, toujours aux expédiens.

Quel est le régime intérieur et actuel de cette grande machine?

Quels en sont les maux?

Quels en peuvent être les remèdes?

Voilà les questions auxquelles nous allons répondre.

§. Ier.

COMPTABILITÉ.

Tableau des onze années qui ont précédé la révolution, et comparaison des années 1788, 1789, 1790, avec les années 10, 11 et 12.

Il importe de détruire une erreur qui s'accrédite et se perpétue. De tout tems, à l'aspect du déficit occasionné par l'excès de sa dépense sur ses produits, on a attribué aux vices d'administration le désordre où ce spectacle tombe à la fin de chaque année.

A

Une preuve incontestable que ce désordre provient de toute autre source, résultera des détails dans lesquels nous allons entrer.

Sans nous perdre dans des époques éloignées, nous nous contenterons de remonter à 1780; et présentant le tableau des recettes intérieures de l'Opéra, de sa dépense nécessaire et annuelle, il sera constaté qu'à la fin de chacune des années, depuis 1780 jusqu'à 1790, le Gouvernement est venu combler un déficit de 362,977 francs, année commune.

Résumé général des Recettes et Dépenses depuis 1780, jusques et compris 1790.

Années.	RECETTES.			DÉPENSES.			DÉFICITS.		
	liv.	s.	d.	liv.	s.	d.	liv.	s.	d.
1780	745,165	1	1	1,061,268	5	»	316,103	4	11
1781	463,037	8	1	911,277	18	6	448,240	10	5
1782	706,465	«	8	985,045	3	10	278,580	3	2
1783	707,872	16	2	1,040,877	8	11	333,004	12	9
1784	766,476	8	9	1,091,147	11	11	324,671	3	2
1785	815,125	1	»	1,054,631	8	9	239,506	7	9
1786	810,262	13	3	1,120,871	13	8	310,609		5
1787	864,451	7	»	1,134,705	18	11	270,254	11	11
1788	771,858	»	»	1,300,796	19	7	528,938	19	7
1789	622,413	16	1	1,099,416	16	10	477,003		9
1790	694,255	11	4	1,160,096	14	9	465,841	3	5
	7,967,383	3	5	11,960,136		8	3,992,752	17	3
Année commune.	724,307	11	2	1,087,285	1	9	362,977	10	7

Comparons maintenant les recettes et dépenses des années 1788, 1789 et 1790, avec celles des années 10, 11 et 12, il en résultera la démonstration de la supériorité du mode administratif, adopté dans ces trois dernières années sur les précédentes, sous les rapports d'exactitude, d'intelligence et d'économie.

A 2

TABLEAU comparatif des recettes et dépenses des

années 1788, 1789 et 1790, avec celles X, XI et XII.

(4)

RECETTE.		ANNÉES			TOTAUX.
		1788.	1789.	1790.	
		fr.	fr.	fr.	fr.
RECETTES extérieures.	Redevances des petits spectacles.	170,703 »	144,261 »	465,841 »	524,969 »
	Produit des bals.	50,000 »	50,00= »	»	50,000 »
	Costumes donnés par la Cour.	16,900 »	30,00= »	»	46,900 »
	Solde payé par le Gouvernement.	311,335 »	294,73= »	465,841 »	1,069,913 »
RECETTES intérieures.	Location des loges et recettes à la porte.	771,858 »	612,413 »	694,255 »	2,088,526 »
		528,938 »	477,00= »	1,471,782 »	
		1,300,796 »	1,099,4=6 »	1,160,096 »	3,560,308 »

DÉPENSE.					
DÉPENSE DIRECTE.		1,300,796 »	1,099,4=6 »	1,160,096 »	3,560,308 »

RÉSUMÉ.	1788	1789	1790	TOTAUX
Les recettes sont de.	1,300,769 »	1,099,4=6 »	1,160,096 »	3,560,308 »
Les dépenses de.	1,300,796 »	1,099,4=6 »	1,160,096 »	3,560,308 »

Les recettes égalent les dépen. L'Opéra n'était pas alors grevé de charges étrangères, ci. Mémoire...

(5)

RECETTE.		ANNÉES			TOTAUX.
		X.	XI.	XII.	
		fr. c.	fr. c.	fr. c.	fr. c.
RECETTES extérieures.	Secours donné par le Gouvernement.	596,625 »	600,000 »	600,000 »	1,796,625 »
RECETTES intérieures.	Location des loges et recette à la porte.	730,459 42	820,870 07	700,000 »	2,251,329 49
		1,327,084 42	1,420,870 07	1,300,000 »	4,047,954 49

DÉPENSE directe.	X	XI	XII	TOTAUX
Personnel fixe.	739,810 54	228,765 17	851,832 25	1,800,397 96
Idem variable.	302,771 89	316,316 74	170,372 »	789,460 63
Éclairage.	55,059 72	68,259 86	61,600 »	184,199 58
Dépenses générales.	39,720 70	127,738 87	91,450 »	258,909 57
Habillement.	165,341 34	139,012 81	130,000 »	434,354 15
Décor.	65,421 80	100,136 11	66,000 »	225,577 91
	1,368,125 99	1,480,229 56	1,345,244 25	4,193,599 80

RÉSUMÉ.	X	XI	XII	TOTAUX
Les recettes sont de.	1,327,084 42	1,420,870 07	1,300,000 »	4,047,954 49
Les dépenses de.	1,368,125 99	1,480,229 56	1,345,244 25	4,193,599 80

DÉFICIT.	X	XI	XII	TOTAUX
Les recettes sont de.	1,327,084 42	1,420,870 07	1,300,000 »	4,047,954 49
Les dépenses de.	1,368,125 99	1,480,229 56	1,345,244 25	4,193,599 80
DÉFICIT.	41,041 57	59,359 49	45,244 25	145,645 31
(2) Auquel il faut ajouter les charges étrangères, dont l'Opéra est grevé.	180,280 65	165,404 66	181,681 »	527,366 31
TOTAL du déficit par année.	221,322 22	224,764 15	226,925 25	673,011 62

Il résulte du Tableau que l'on vient de présenter , deux comparaisons que l'on va faire successivement.

PREMIÈRE COMPARAISON.

	ANNÉES COMMUNES composées des exercices	
	1788, 1789, 1790.	X, XI et XII.

Le tiers de 3,560,308 fr. : total de la dépense des 3 années 1788 , 1789 et 1790 , est de . . . . **liv. 1,186,769**

Le tiers de 4,193,599 fr. 80 cent. : total de la dépense des trois années comparatives X, XI et XII, est de. **fr. c. 1,397,866 60**

Le tiers de 2,088,526 fr. : total des recettes intérieures des années 1788 , 1789 et 1790, est de. **696,175**

Le tiers de 2,251,329 fr. 49 cent. : total des produits et recettes des années X, XI et XII, est de. . . . **750,443 16**

Il résulte, 1°. que le tiers de 1,471,782 francs, montant du déficit provenant de la différence de la dépense générale avec les recettes intérieures des années 1788 , 1789 et 1790, a été de. **490,594**

2°. Que le tiers de 1,942,270 fr. 30 cent., montant du déficit et provenant des mêmes causes, pour les années X, XI et XII, a été de. . . **647,423 44**

Le Gouvernement ayant donné, pour combler le déficit des années 1788, 1789 et 1790 , la somme de 1,471,782 francs, rien ne reste dû sur ces trois exercices.

Le secours accordé sur celles X , XI et XII étant de 1,796,625 fr., dont le tiers est de. **598,875**

Le Gouvernement ne devrait plus être sollicité que pour une solde d'environ. **48,548 44**

Mais le tiers de 527,366 fr. 31 cent., dont ce spectacle a été grevé pendant lesdites trois années X, XI et XII, pour les *charges étrangères*, étant de. **175,788 77**

Le déficit réel se trouve au moins à la fin de chaque année, de **224,337 21**

En débarrassant l'Opéra de la presque totalité de ses charges étrangères, et mettant l'administration en état d'effectuer les réformes dont ce spectacle est susceptible, le secours de 600,000 fr. réglé par l'arrêté du 20 nivôse an XI, deviendrait suffisant.

DEUXIÈME COMPARAISON.

La dépense directe des années 1788, 1789, et 1790, est de. . . . . 1,186,769 liv.

Celle des années X, XI et XII, est de. . . 1,397,800

L'accroissement de la dépense effective de ce spectacle, a été d'environ . . . . 211,097, ou d'un sixième ; et cependant, depuis cette époque, les frais de l'Opéra ont été augmentés du double.

En voici la preuve.

§. II.

Accroissement au double, des dépenses de l'Opéra, depuis 1788.

Le fardeau des *charges étrangères* qui n'existaient pas, il y a seize années, augmente la dépense annuelle de l'Opéra de 180,000 fr.

Les premiers sujets du chant n'avaient alors *pour appointemens* que 9,000 fr. ; ceux de la danse 7,000 ; les uns et les autres sont maintenant arrivés à des traitemens de 15, 18 et 20,000 francs qui, avec la rétribution accordée à tout artiste à chaque représentation où il paraît, et désignée sous le nom de *feu*, s'élèvent à 20, 25 et jusqu'à 27,000 fr.

Les appointemens *des chœurs* et *des ballets* sont doublés.

Chaque danseuse des ballets coûtait tout au plus 700 liv. : le terme moyen de leurs appointemens actuels est de 1,300 fr.

Depuis 1788 , le nombre des danseurs et le luxe des ballets se sont considérablement accrus, et par conséquent les dépenses d'entretien et d'habillement.

Sous l'administration de M. Buffaut, 46,000 liv. suffirent pour le paiement *de l'orchestre ;* il est porté sur l'état-matrice de l'an 12 à 132,000 francs.

Les honoraires d'auteurs sont de moitié plus considérables.

Le théâtre est augmenté *du double* dans ses dimensions géométriques ; il suffisait autrefois de soixante-dix mètres de toile pour une toile de fonds ; il en faut aujourd'hui cent quarante ; son décor, ses machines, son éclairage et son service sont également doublés.

Les costumes plus brillans et plus fidèles qu'autrefois, sont aussi beaucoup plus coûteux. La dépense s'en est accrue en raison des progrès de cette branche d'industrie théatrale.

La variété des représentations entraîne *des dégradations de peinture , et des frais de transport* qui excèdent de plus de dix fois le montant qu'occasionnait cette nature de dépense avant 1788 (1).

La durée des représentations , autrefois de trois heures , maintenant de cinq, augmente proportionnellement *les frais de chauffage et d'éclairage.*

Les artistes sont assujettis *à des répétitions* continuelles , *à des services extraordinaires* qu'il faut *payer* et *éclairer ;* cette dépense n'existait pas.

Aujourd'hui *les feux* ou *droits de présence* coûtent 100,000 francs par année : en 1788 , ils se portaient au plus à 25,000 livres.

---

(1) En 1758 *Dardanus* fut donné *cent huit fois de suite.* On peut affirmer que, sous ce rapport, on fait à l'Opéra plus de travail aujourd'hui dans une semaine, qu'on en faisait dans une année sous l'ancien régime,

Enfin

Enfin si toute espèce de dépense, depuis celle du Gouvernement jusqu'aux frais de ménage le plus chétif, est doublée depuis seize ans, l'Opéra n'a pu se soustraire à l'empire de cette progression.

§. III.

Situation de l'an XII. Quelle sera sa dépense ?

Le 1er. vendémiaire an 12, le Préfet du Palais, chargé de la surveillance de l'Opéra, a fait parvenir au Directeur actuel, l'état-matrice d'appointemens du chant, de la danse, de l'orchestre, des peintres et des préposés, réglé à huit cent trente-un mille huit cent vingt-deux francs vingt-cinq centimes,

ci . . . . 831,822 fr. 25 c.

		fr.	
DÉPENSES variables.	Feux	91,950	170,372
	Honoraires d'auteurs....	40,620	
	Répétitions...........	3,400	
	Compars et orphelins....	12,000	
	Indemnités aux réformés	20,852	
	Divers objets..........	1,550	
ÉCLAIRAGE	Chandelles............	9,000	61,600
	Entreprise............	52,600	
DÉPENSES générales.	Copie de musique......	20,000	91,450
	Bois à brûler..........	14,900	
	Affiches, imprim., papet.	11,350	
	Menuiserie et serrurerie..	12,000	
	Dépenses accessoires....	33,200	

1,155,244 fr. 25 c.

CHARGES étrangères.	Droit des indigens......	60,000	181,681
	Pensions	83,500	
	Frais de sûreté........	25,176	
	Impôt foncier.........	13,005	

Total de la dépense de l'an **XII**, non compris les frais de décor et d'habillement............ 1,336,925 fr. 25 c.

B

Pour faire face à cette dépense impérieuse, constituée par des lois, des réglemens, un état-matrice et des marchés, le Directeur n'aura pour ressource que, savoir :

1º. Produits intérieurs, évalués d'après la situation politique de l'an 12 à 700,000 f.

2º. Secours du Gouvernement 600,000 f.

1,300,000 fr.

Ainsi l'Opéra se trouvera constitué en déficit de...................... 36,925 fr. 25 c.
par les seules dépenses que nous venons de détailler ; dépenses indépendantes de la volonté et des mesures personnelles du Directeur qui n'aura encore acquis aucun moyen pour faire face à 190,000 francs, nécessaires pour les frais de décor et d'habillement.

Il aura des *peintres* et point de *couleurs* ni de *toiles* ; un *théâtre* et point de *charpente*, *de ferrure*, *de cordages*, etc. ; un atelier *de tailleurs* et point *d'étoffes d'aucune nature* ; on manquera enfin de tous les objets dont le détail suit :

DÉPENSE

Pour le Théâtre et le Décor.	SOMMES.	Pour l'Habillemen et les Costumes.	SOMMES.
	fr.		fr.
Artificier	2,400	Armurier	650
Bois à décor...........	5,700	Bonnetier	10,870
Cordier................	3,200	Broderie	11,500
Couleurs..............	16,000	Chaussure	13,000
Licopode et esprit-de-vin.	1,600	Draperie	10,600
Clincaillier...........	4,200	Mercerie	18,000
Serrurier..............	4,800	Modeleur	1,400
Menuisier.............	2,000	Parfumerie........	4,400
Divers ouvriers........	8,000	Soieries.	16,500
Toiles à décor........	4,000	Toiles et Mousselines.	16,000
Objets imprévus........	8,100	Objets imprévus.....	27,080
	60,000		130,000

En ajoutant les 190,000 francs qui résultent du tableau ci-dessus à 1,336,925 francs 25 centimes , la dépense s'élevera à. . . . . 1,526,925 fr.

Qui , ne pouvant être balancée avec les ressources actuelles de l'Opéra, montant à. . .   1,300,000

Établira, pour l'an 12, un déficit de. . .   226,925

Cependant il faudra que l'Opéra marche ; il faudra entretenir son théâtre et ses magasins ; établir des ouvrages nouveaux ; sur-tout après les chûtes nombreuses qui, depuis un an, ont dévoré le tems et les ressources de cet établissement.

En attendant une réforme qui ne peut être trop prompte, et dont nous aurons bientôt occasion de présenter les élémens et la possibilité, on s'est traîné, jusqu'à présent, à travers les murmures séditieux *du personnel*, et le discrédit occasionné par le trop long acquittement *du matériel.*

§. I V.

Comment fera-t-on face à la dépense inévitable de l'an 13 *et des années suivantes?*—*Par l'augmentation des produits, par la suppression* des charges étrangères, *et les réformes dans le personnel et le matériel.*

L'arriéré de l'an 11, et la détresse croissante de l'an 12, auraient porté le coup le plus funeste à l'Opéra, si Sa Majesté Impériale, dirigeant son attention bienfaisante sur ce spectacle, ne l'eût secouru tout récemment d'un subside extraordinaire de 3o8,243 francs 31 centimes, et suffisant pour acquitter ses obligations.

Mais il est du devoir d'une prévoyante administration de se mettre en garde pour l'avenir, et de combiner tellement les recettes et les secours du Gouvernement avec les dépenses indispensables, que dorénavant *la subvention déterminée* soit le sacrifice unique que le trésor public doive faire annuellement pour ce spectacle.

Il est d'abord une ressource certaine et incontestable pour augmenter la recette ; c'est de renouveller l'obligation imposée autrefois à tous les Théâtres de Paris (le Théâtre Français excepté), d'acquitter une rétribution annuelle envers l'Opéra, conformément aux lettres - patentes de 1672, 1689 et 1728,

enregistrées au Parlement, et par les arrêts du Conseil de 1749,
1757, 1758, 1766, 1769, 1778 et 1780.

Le *théâtre Feydeau*, autrefois connu sous le nom de
Comédie italienne, était assujéti à une redevance annuelle,
qui lui donnait le *droit de chanter* et *d'avoir des ballets*.

Les autres théâtres subalternes de Paris, n'étaient tolérés que
sous la condition de payer une redevance à l'Opéra, relative
à l'importance de leur genre et proportionnée à leurs produits.

En 1788, le total de ces redevances s'évaluait à près de
200,000 francs, et l'on ne comptait que cinq petits théâtres.

Depuis, il s'en est élevé une multitude : il en existe aujourd'hui près de trente.

Ainsi la redevance qui serait rétablie en faveur de l'Opéra,
serait plus facilement supportée par un plus grand nombre
de théâtres, et pourrait, sans les trop charger, fournir une
somme de 200,000 francs.

Outre cette obligation pécuniaire envers l'Opéra, ils seraient
assujétis à une telle surveillance, qu'ils seraient forcés de se cir-
conscrire dans leur genre et ne pourraient se permettre la
moindre atteinte aux propriétés du théâtre de l'Opéra, constitué,
en quelque sorte, *métropole de tous les établissemens dramatiques de la capitale.*

A l'avantage d'une augmentation évidente dans les produits, se joindrait dans la dépense de l'Opéra, celui d'une
diminution aussi certaine.

Nous proposerons d'abord la suppression de la majeure
partie de cette nature d'obligations que nous avons appellées
tout à l'heure *charges étrangères*, dont l'Opéra est inutilement
grevé.

1°. La caisse de ce spectacle paye maintenant sur ses produits le montant *des pensions acquises aux artistes, aux
auteurs et aux préposés.* Le total s'élève, pour l'an 12,
à 83,500 francs. Avant 1790, ces pensions se payaient au
trésor royal ; nous proposons de rétablir cet ancien ordre de

choses ; les principes et l'intérêt général en commandent la
nécessité. Ces pensions, comme toutes les autres faites par
l'État, seraient préalablement soumises à l'examen et au travail
de la liquidation générale , et dès-lors plus régulièrement
constituées.

2°. *Le droit des indigens* coûte annuellement à l'Opéra de
60 à 65,000 fr. L'augmentation du prix des places permise à l'é-
poque de la création de ce droit a été plus désavantageuse qu'utile
à ce spectacle ; elle a éloigné beaucoup d'habitués, que la médiocrité de leur fortune oblige de compter sévèrement avec
eux-mêmes. En outre, le prix des places se trouvant formé de
sommes brisées et ne pouvant être, comme auparavant, ac-
quitté avec une seule pièce, il s'en suit un travail de bureau
plus pénible et plus long, une dépense plus forte, un change
de monnaie évidemment désagréable et qui contrarie le public
sous une foule de rapports.

Le produit *du droit des indigens* , nécessaire sans doute à
la dépense *des secours à domicile* et au soulagement de
l'humanité souffrante, devrait, par conséquent, être pris dans
une autre caisse que celle de l'Opéra, obligé de recourir lui-
même à des secours extérieurs pour faire face à ses frais
annuels.

3°. Jamais, jusqu'en l'an XI, on n'avait songé à exiger
la Contribution foncière des édifices de l'Opéra. En effet,
pourquoi rendre le *domaine propriétaire* débiteur du *domaine percepteur* , sur-tout pour une propriété nationale qui
n'est pas sortie des mains du Gouvernement ? Ce revirement
de fonds, d'une utilité nulle pour l'administration qui le reçoit,
est gratuitement onéreux pour l'établissement public qui l'ac-
quitte. Il est donc juste de dégrever le théâtre de ce droit qui lui
coûte chaque année 13,000 fr.

4°. La garde de l'Opéra se compose *d'une garde militaire ,
d'une garde sédentaire , d'une garde de nuit , de pompiers
et d'ouvriers aux pompes.*

Cet appareil coûte chaque année environ 25,000 fr. à la caisse de l'Opéra; mais ce spectacle devant nécessairement faire partie DE LA MAISON IMPÉRIALE, doit être, comme les autres établissemens et édifices qui en dépendent, remis à la garde de la garnison de la place, et à la surveillance des pompiers soldés par le Gouvernement : la dépense de l'Opéra serait donc allégée de 25,000 fr. à cet égard.

Récapitulation des charges étrangères, dont on propose le dégrèvement.

1°. Pensions d'artistes et d'auteurs..		83,500 fr.
2°. Droit des indigens.		60,000
3°. Contribution foncière.		13,005
4°. Gardes sedentaires, militaires et de nuit.	14,736	25,176
Pompiers et ouvriers aux pompes. .	10,440	
TOTAL.		181,681

Passons maintenant à l'examen des réformes à faire dans la dépense du *personnel* et du *matériel.*

L'état des appointemens du personnel, pour l'an 12, s'élève à. 831,822

A quoi, ajoutant les feux, évalués à. . . . 100,000

Cette partie de dépense est de. 931,822

Il serait très-possible, sans commettre d'injustice et sans nuire au spectacle, de diminuer cette dépense au moins de cent mille francs (1).

---

(1) En 1792, M. Celerier, entrepreneur de l'Opéra, augmenta beaucoup les appointemens des artistes.

Au commencement de l'an 8, ils coûtaient 663,000 fr.; s'étant encore

Plusieurs parties, et notamment *la danse*, offre une sur-abondance de sujets.

D'une part, nous avons trop donné à la gratitude, de l'autre aussi trop à l'espérance. *Le vétéran* nous fait payer bien cher ses derniers services. Le jeune homme nous met à contribution pour un talent que notre prévoyance distingue à peine dans l'avenir.

Sous ce double rapport, on pourrait adopter un terme moyen qui concilierait avec une sage économie, ce que l'on doit aux jeunes talens et aux anciens services.

Au reste, les réductions qui nous semblent indispensables, seront indiquées dans un nouvel état-matrice sur des données un peu plus sévères et moins dispendieuses.

Quant à la dépense du *matériel*, quoique considérablement réduite depuis un an, il est encore possible de la diminuer de 25,000 francs.

Les abus de cette partie de service sont enveloppés d'un mystère d'autant plus difficile à pénétrer, qu'ils sont justifiés par une apparence trompeuse d'utilité et de nécessité, et ne peuvent être découverts que par des yeux exercés depuis long-tems à la surveillance de toutes les parties du service.

Ainsi la suppression *des charges étrangères* diminuant la dépense annuelle de. . . . . 181,681 fr.

La réforme du *personnel* pouvant être de., . . . 100,000

Et celle *du matériel* de. 25,000

Produiraient un total, en diminution sur la

dépense, de 306,681

---

considérablement accrus dans le cours de cette année, M. Bonet en l'an 9 les diminua d'une somme de 72,000 fr.

En l'an 10, M. Celerier rejetta les réformes faites par M. Bonet, et porta l'état des appointemens à 840,000, et les feux à 90,044 fr.

La

La dépense de l'Opéra an-
nuellement de . . . . 1,397,866 fr.
A quoi il faut ajouter les
charges étrangères ci-dessus de   181,681
} 1,579,547

Etant diminuée de 306,681

Serait réduite à 1,272,866

Ses revenus annuels évalués à
la somme de. . . . . 1,300,000 fr.
Se trouvant augmentés par la
contribution des petits spects
cles présumée s'élever à . . . 200,000
} 1,500,000

Il en résulterait un excédent de recette de.. 227,134 fr.

Si cependant, par des considérations administratives, il pa-
raissait indispensable de laisser peser sur l'Opéra le fardeau de
la totalité ou d'une partie de *ces charges* dites *étrangères*, le
Gouvernement daignerait alors considérer la nécessité d'ajouter
au secours annuel qu'il accorde à ce théâtre, une augmentation
proportionnée à ces mêmes charges, laquelle jointe à la contribution des spectacles, rétablirait son état de finance dans
un équilibre nécessaire.

Ainsi le total des charges étrangères est de   181,681 fr.
La dépense directe de l'Opéra
est de . . . . 1,397,866 fr.
Dont il faut déduire les ré-
formes du person-
nel évaluées. . . 100,000 fr.
Et celles du ma-
tériel. 25,000
} 125,000 fr.
} 1,272,866

Total de la dépense 1,454,547

G

De l'autre part. . . . . 1,454,547 fr.

La recette intérieure étant annuellement de 700,000

Le secours du Gouvernement
devrait être de 750,000
                                _____
                                1,450,000

A quoi ajoutant les 200,000 fr.
auxquels nous avons évalué la con-   } 1,650,000
tribution des théâtres de Paris . . 200,000 }

La recette excéderait la dépense de . . . . 195,453 f.

Un tel état de choses élevant la recette au dessus de la dépense présumée, fournirait à l'administration les moyens d'augmenter la splendeur de ce spectacle.

Loin donc d'être obligé de solliciter, tous les deux ou trois ans,
des secours extraordinaires auprès du Gouvernement, il resterait
à la caisse de l'Opéra un bénéfice de 195,453 francs, à l'aide duquel l'administration pourrait se livrer à des travaux et à des
spéculations utiles pour la perfection de ce grand établissement.

§. V.

Vices de la comptabilité des précédentes administrations ;
nécessité du concours de deux autorités pour la formation
des comptes et des pièces. — Réponse aux objections faites
à cet égard.

Un principe consacré en bonne administration, c'est qu'aucun
administrateur ne doit pas cumuler, en sa personne, la faculté
d'ordonner la dépense, et celle d'en constituer, sans contradicteur, les *pièces* de paiement.

Coupable de négligence ou d'infidélité, par lui-même ou
par ses commis, il aurait, par ce moyen, la dangereuse et abusive
facilité de couvrir les unes ou les autres, à l'aide de pièces fal-

lacieuses, mais matériellement régulières, qu'il coordonnerait aux résultats qu'il voudrait obtenir et à la justification à laquelle il serait certain d'arriver.

Trop long-tems ces vérités furent méconnues dans le régime administratif *de l'Opéra.*

Un seul homme constitué directeur, ou un corps de direction plus ou moins nombreux, mais revêtu d'une puissance solidaire et mû par le même intérét, ordonnait les achats, emmagasinait les marchandises, s'en constituait le gardien et l'arbitre, réglait les mémoires, ordonnançait les paiemens et délivrait les mandats, en vertu desquels chaque partie prenante se présentait au caissier, *espèce d'intendant* à la disposition du directeur, à qui seul le caissier remettait ses comptes annuels, que ce dernier employait ensuite, comme pièces principales de ceux qu'il rendait à son tour.

Pendant un très-grand nombre d'années, ce mauvais ordre de chose se maintint.

Aucune autorité sévère et éclairée n'avait été constituée pour réprimer un tel abus.

Ce ne fut qu'en l'an 8 que le Directeur actuel, alors revêtu des fonctions d'administrateur, voulant anéantir cette dangereuse facilité, proposa le concours d'une autorité nouvelle, qui serait mise en opposition avec l'autorité administrative et aurait, comme elle, la faculté de censurer la dépense.

Sa proposition fut adoptée. La comptabilité de l'Opéra fut dès-lors assujétie à un mode régulier et à des précautions conservatrices.

En l'an 9, le même fonctionnaire, institué commissaire du Gouvernement, et chargé seul de la direction de l'Opéra, fit maintenir ce nouveau mode administratif.

Mais en l'an 10, l'instabilité habituelle des administrations de l'Opéra, amena un chef nouveau qui crut, pour le succès de son administration, devoir changer cet ordre de choses. Seul il ordonna la dépense, régla les mémoires, traita avec

C 2

les fournisseurs, accorda des gratifications, constitua les pièces de comptabilité, établit chez lui une partie de la caisse; d'où il résulta une telle confusion dans les opérations de recette et de dépense, que le commis en chef de la comptabilité, prévoyant les suites d'un tel désordre et en redoutant les atteintes personnelles, crut devoir protester contre cette marche, par un acte public et enregistré sous la date du 14 brumaire an XI.

En nivôse suivant, le Gouvernement porta ses regards sur l'Opéra.

Le Directeur actuel, appellé près l'un des chefs du Gouvernement consulaire, lui rendit compte des mesures qu'il avait prises en l'an 8 et en l'an 9, pour la garantie et l'emploi légitime des fonds de cet établissement.

Ses réflexions furent accueillies. L'arrêté consulaire du 20 du même mois constitua deux autorités (le directeur et l'administrateur comptable) et leur confia contradictoirement la surveillance de la dépense et la constitution des pièces et ordonnances d'acquittement.

Maintenant les mesures administratives sont prises avec une telle précision, qu'il ne peut se glisser la plus petite erreur dans la dépense, quelqu'immense et multipliée qu'elle soit.

Les travaux des administrations précédentes étaient couverts d'un voile ténébreux et impénétrable. Ceux de l'administration actuelle sont offerts à tous les regards.

Pour parvenir à ce degré d'économie, d'exactitude et de lucidité, une sorte d'appareil d'écritures était indispensable.

Mais ce léger accroissement de dépense sauve à l'Opéra des pertes considérables.

Enfin les résultats du mode d'administration et de comptabilité actuels sont tels que, sans témérité ni calomnie, nous pouvons dire que la dépense de l'an 12, qui ne passera pas 1,600,000 francs, se serait élevée sous le régime des administrations des années 1788, 1789 et 1790, d'après leur manière habituelle de compter, à plus de deux millions.

Les ennemis de l'administration actuelle de l'Opéra (et il en est beaucoup), se plaignent injustement du système administratif actuel, qu'ils supposent trop dispendieux, ainsi que du régime des écritures qu'ils disent trop compliqué.

La réponse que nous avons à leur faire, est simple et péremptoire.

C'est qu'aucun des anciens comptes de l'Opéra, ne pourrait soutenir une analyse sévère, et que dans tous se rencontrerait l'abus choquant de la même autorité qui ordonne la dépense et qui crée l'ordonnance de paiement; d'où il suit que l'administrateur, par cette cumulation de pouvoirs, n'avait vraiment besoin que d'un seul commis, dont le travail ne pouvait offrir d'autre résultat, que le rapprochement arithmétique de la somme *dite dépensée* avec *celle réellement reçue*.

Maintenant le concours de deux autorités placées en surveillance l'une de l'autre, oppose aux abus des limites salutaires et économiques; imprime aux pièces probantes la plus grande authenticité, et ne laisse plus, comme auparavant, l'emploi annuel de 15 à 16 cent mille fr., à la disposition arbitraire d'un seul homme livré aux spéculations de son intérêt personnel ou à sa propre insouciance, ou, ce qui est au moins aussi dangereux, à l'arbitraire de ses commis, à la dépravation des uns, comme à l'ignorance des autres.

Après avoir indiqué, non-seulement les ressources propres à niveler les produits de l'Opéra avec ses dépenses, mais même le moyen de lui assurer un supplément de fonds pour accroître sa magnificence;

Après avoir démontré la nécessité du concours de deux autorités indépendantes pour la formation des comptes et la garantie que doit offrir au Gouvernement toute administration bien organisée, *IL EST ESSENTIEL* de faire connaître les causes qui entravent la marche de l'Opéra et qui nuisent à ses recettes.

Nous les diviserons en *extérieures* et *intérieures*.

§. V I.

Causes extérieures des désordres actuels de l'Opéra. — De l'influence du Conservatoire sur ce spectacle.

Un établissement public consacré, dans son origine, à former des *musiciens d'armée ,* est devenu *une puissance musicale.*

Cette puissance s'est constituée sous le nom de Conserva-toire, *école de musique théâtrale , militaire et religieuse.*

Elle occupe un hôtel considérable.

Depuis 12 ans, elle a coûté environ trois millions au Gou-vernement.

Malgré ces sacrifices énormes, les travaux *du conservatoire* ont été frappés de stérilité.

Quelques exécutans de *concertos* et deux ou trois *cantatrices,* sont sortis de ses écoles.

Il n'a pu former *un seul chanteur.*

L'Opéra depuis 12 ans n'en a obtenu aucun secours réel.

Desirant néanmoins augmenter sa puissance et dissimuler son inutilité, le Conservatoire a espéré atteindre ce double but, en s'identifiant avec l'Opéra, et en cherchant à cumuler dans ses mains la direction des deux établissemens.

En conséquence, les amis de ce système ont pensé devoir commencer par déprécier l'administration de l'Opéra, jetter du ridicule sur la tradition de ce théâtre, entraver par des intrigues la marche de cet établissement, s'opposer indirectement à la réception d'ouvrages à eux étrangers , y faire substituer ceux du Conservatoire, provoquer les chûtes, s'attribuer les succès et promettre d'assurer la prospérité *de ce théâtre ,* si l'on en réunissait la direction à celle *du Conservatoire.*

Ce plan est suivi depuis plusieurs années. En l'an 10 ils l'ont interrompu; mais depuis il a été repris avec la plus grande activité.

Cette impulsion donnée *au Conservatoire* par quelques mauvais esprits, n'aurait pas dû entraîner divers professeurs qui en font partie, et auxquels on ne peut refuser de grands talens et des qualités vraiment estimables; mais l'*esprit de corps* est une maladie contagieuse, qui atteint les hommes malgré eux, et les précipite *vers des erreurs solidaires*, que chacun d'eux, pris isolément et dans le calme de la réflexion, s'empresserait de désavouer.

Qu'a opposé l'administration de l'Opéra à ce déplorable acharnement? — le silence et la résignation.

Jusqu'à présent elle a supporté l'intrigue offensante des uns, par considération pour le mérite distingué des autres.

Elle attendait patiemment le terme d'une guerre aussi absurde.

Aujourd'hui cependant elle se voit forcée de faire connaître cette série de mauvais procédés, cette habitude ténébreuse de malveillance.

En même tems elle ne craint pas de dire:

Qu'une corporation qui nuit au lieu de servir, est inutile et même dangereuse;

Que le *Conservatoire*, tel qu'il est, ne présente aucun point d'utilité, ni pour le présent, ni pour l'avenir;

Que, loin de servir l'Opéra, il ne s'occupe qu'à le paralyser;

Que si quelques-uns des membres de cette onéreuse institution doivent être distingués et employés, on obtiendra d'eux un meilleur service dès qu'ils en auront été détachés;

Enfin, qu'avec le tiers au plus des sommes que le Conservatoire coûte chaque année au Gouvernement, l'Opéra, ajoutant à ses maîtres actuels quelques-uns des professeurs du Conservatoires, reproduira avec des modifications, ses anciennes et utiles écoles connues autrefois sous le nom modeste *de magasin*, auxquelles l'art lyrique doit des ouvrages pleins de verve, et des chanteurs pleins de talens.

Ce qui pouvait donner quelqu'importance au *Conservatoire*, en supposant qu'il eût rempli son objet, c'était sur-tout la suspension de l'exercice extérieur du culte dans les églises; mais aujourd'hui que la sagesse du Gouvernement en a fait l'un des ressorts de la morale publique, l'ouverture des églises métropolitaines va ressusciter les anciennes maîtrises, *véritables Conservatoires de musique*, pépiniéres fécondes de sujets à qui l'on doit ceux qui ont fait l'ornement de la scène lyrique, tels que *Géliotte*, *Legros*, *Larrivée*, *Rousseau*, etc. et ceux qui leur survivent, *Chéron*, *Laïs*, *Adrien*, *Bertin*, etc. C'est de-là que des inspecteurs du Gouvernement pourront envoyer, dans un pensionnat formé à Paris, les sujets qui réuniront toutes les qualités nécessaires, soit morales soit physiques, pour figurer avec avantage sur le premier théâtre de l'Europe.

§. V I I.

Suite des causes extérieures de désordres. — Violation des propriétés de l'Opéra par d'autres théâtres et établissemens publics.

Depuis le 18 brumaire an VIII, les législateurs modernes se sont occupés particulièrement à restituer au génie des arts libéraux ses droits de propriété froissés, aliénés et même méconnus jusqu'alors.

Le savant, le littérateur, le musicien-compositeur, en livrant leurs travaux au public, ne redoutent plus d'en perdre *les produits utiles*, et de voir recueillir, par d'autres, le prix de leurs veilles et de leurs longues méditations.

Par suite des principes nouvellement consacrés à cet égard, les acquisitions de ce genre faites par tel théâtre, ne peuvent être impunément usurpées par d'autres théâtres rivaux.

L'Opéra est sans doute fondé à réclamer, avec énergie, contre toute violation semblable.

Cependant, au mépris des lois existantes, sa musique et sa chorégraphie sont furtivement empruntées et répétées sur une partie des théâtres de Paris.

Il

Il n'est pas jusqu'à ses sujets de poème ou de ballets-pantomimes qui, sous des titres nouveaux et à l'aide de quelques légères modifications, ne soient produits sur des théâtres subalternes.

Ses airs les plus expressifs et les plus saillans ont à peine été exécutés, qu'ils sont le lendemain prostitués et dégradés jusques dans les cafés et les guinguettes.

Certaines gens se glissent aux répétitions. Ils y copient, de mémoire, les airs, notent les pas, se pénètrent de l'effet théâtral, mettent en œuvre leurs plagiats avec une telle célérité, que le plagiaire utilise ses vols bien avant que le propriétaire légitime ait pu mettre ses travaux en valeur.

Depuis quelques années, il est arrivé fréquemment que tel morceau de musique, appartenant à un opéra à l'étude, a vieilli sur le pupitre de l'amateur, tandis que la première représentation de l'ouvrage, dont il fait partie, ne peut s'effectuer que long-tems après.

Ainsi périt l'attrait de la nouveauté, ce premier charme du théâtre! ainsi, tel ouvrage établi à grands frais n'excite plus la curiosité publique! La poésie, le chant, la danse, n'ont plus ni prestige, ni fraîcheur! Situations, effets, accens, tout a perdu le droit d'émouvoir et d'intéresser. Tout, jusqu'aux décors, a été copié, prostitué et avili d'avance! effet déplorable de ces infidélités trop fréquentes, et jusqu'à ce jour impunies!

L'Opéra, soutenu par les bienfaits du Gouvernement, voit ses recettes journalières diminuées par suite de ces mêmes infidélités. Il en résulte que les secours, que le trésor public donne annuellement, augmentent à raison de cette même diminution; ce qui accroît d'autant le poids de la dépense de l'État: désordre qui disparaîtrait, si l'Opéra jouissait exclusivement de l'intégrité de ses travaux, et s'il pouvait revendiquer sa propriété par-tout où il la trouverait, et sous quelque travestissement que ce fût.

Il est donc nécessaire de faire revivre les lois rendues à

D

cet égard , et de leur donner l'activité et les modifications que les circonstances commandent.

§. VIII.

Causes intérieures des mêmes désordres. — Instabilité continuelle des Administrations.

Trop long-tems on a cru que pour faire cesser les maux de l'Opéra , il suffisait d'en confier l'administration à d'autres mains.

Dès-lors chaque année amenait à l'Opéra de nouveaux chefs. Depuis quatorze ans , on compte vingt - trois administrations différentes.

Il était cependant bien facile de sentir que chaque mutation nécessite , pour les nouveaux venus , un noviciat toujours trop lent , toujours trop dangereux ; que l'expérience acquise par leurs prédécesseurs est évidemment perdue et inutilisée ; et que par cette versatilité continuelle , loin de guérir , on aggrave de plus en plus les maux de ce spectacle , sur-tout dans une machine dont la rotation est si rapide que l'œil peut à peine la suivre.

Il a pu arriver que certains administrateurs se soient rendus coupables de malversations ; que d'autres aient manqué de lumières ; mais en thèse générale , il est démontré que le vice de l'Opéra réside particulièrement dans la facilité entraînante qu'il a d'accroître ses dépenses , sans pouvoir augmenter ses produits ; et ce vice destructeur s'alimente *par l'instabilité même des administrations.*

Rien n'amène le désordre et n'entretient la malveillance autant que le fait *cette instabilité.* Les artistes, forts de l'inexpérience des directeurs nouveaux , ne manquent pas de les conduire d'école en école. Ceux qui vivent d'abus et de dilapidations ont la certitude de jetter , pendant quelque tems , un voile plus épais sur les vices de l'administration.

Les Directeurs du théâtre, à force d'étude et d'expérience, sont-ils arrivés à des connaissances réelles, et deviennent-ils assez clairvoyans pour être des censeurs gênans et importuns ? alors on cabale pour les éloigner, et trop souvent on y parvient.

Ainsi, dans le cours d'une année, on emploie six mois à les tromper, et les autres six mois à les faire renvoyer.

Les administrateurs passent, mais les artistes restent, dit-on, éternellement à l'Opéra : aussi existe-t-il de tout tems une coalition entre ceux-ci, coalition qui tend d'abord à se jouer des premiers, et ensuite puis à préparer leurs disgraces.

C'est par une suite de ces noviciats successifs d'administration, que la masse des appointemens a été portée à plus de 871 mille fr. et que les feux ont été élevés à cent mille fr.

On a répondu à chaque demande avec trop d'abandon. On a accueilli avec trop de facilité une foule de prétentions indiscrètes. On s'est surchargé de sujets inutiles. En deux mots, il a été passé un contrat beaucoup trop onéreux avec les artistes.

Ne serait-il pas préférable de donner au Directeur une existence fixe et durable ? Assuré de ne pouvoir être arraché à ses fonctions que pour des motifs fondés, que pour des fautes évidentes, il apporterait plus de zèle à ses travaux, plus de suite à ses plans d'amélioration, plus d'énergie dans ses moyens de direction.

§. I X.

Suite des causes intérieures de désordre. — Insubordination des Artistes.

Le Gouvernement actuel a établi l'ordre dans toutes les parties de l'empire. Chaque objet, chaque individu a sa place marquée. Les déviations ont cessé. Les factions s'éteignent. Un esprit d'unité s'établit par-tout. Une tendance générale vers l'harmonie la plus desirable, résulte de l'impulsion donnée à ce grand ensemble par le héros qui nous gouverne.

L'Opéra semble seul avoir résisté à cette impulsion. L'ordre et la subordination sont encore loin de s'y naturaliser.

Plusieurs causes concourent à entretenir l'esprit d'indiscipline qui s'y est maintenu : l'instabilité habituelle de son administration, le défaut de fixité et de détermination de l'autorité des chefs, l'exaltation de l'amour - propre, les intrigues, les séductions et sur - tout l'habitude d'anarchie causée par douze ans d'erreurs, détruite aujourd'hui dans toutes les parties de l'empire, excepté à l'Opéra.

Le *temple de l'harmonie* est trop souvent l'*antre de la discorde.*

Le travail nécessaire à la formation du répertoire, c'est-à-dire, à l'indication de quatre à cinq spectacles à l'avance, est peut-être un des travaux des plus rudes qui existe. Il est en même tems l'un des plus inutiles; car cette indication provisoire est toujours éludée et mise en défaut par le refus de service, par les maladies feintes ou vraies, tantôt d'un acteur secondaire indispensable, tantôt d'un principal artiste (1).

---

(1) Ces abus ne se sont que trop souvent renouvellés, et toujours l'on s'en est plaint. Voici ce que disait, à cet égard, M. *Dauvergne,* ancien directeur, dans un écrit qu'il publia en 1790.

« Il serait trop long de vouloir faire un détail de tous les embarras où
» le directeur se trouve journellement, et presque jusqu'au moment du
» spectacle, pour assurer le service du public ; ce qui ne se fait qu'à force
» d'écritures, souvent de courses, de prières et d'instances : et tel qui se
» dit malade, se montre le même jour, ou dans les promenades publiques,
» ou à un autre spectacle. Tel autre refuse le service, à moins qu'on ne
» lui fasse, sans nécessité, un habit neuf ; un autre ne veut pas chanter, sous
» prétexte de fatigue, tandis que l'on sait, à n'en pas douter, qu'ayant un
» congé, il a non-seulement chanté des rôles très-fatigans, en province,
» tous les jours, et quelquefois dans deux représentations le même jour.
» Il est vrai qu'à leur retour, ils prennent encore un tems considérable pour
» se reposer de leurs fatigues, ensuite pour faire des débuts dans les ouvrages
» qui leur conviennent, comme si le public ne connaissait pas leurs talens.

Il faudrait une volonté ferme qui anéantît toutes ces résistances. Cette volonté n'existe pas et ne peut pas exister, tant que la fluctuation actuelle des choses sera continuée.

Il est cependant d'estimables exceptions; généralement les artistes les plus distingués sont les moins coupables de cette divergence de conduite. Quelques-uns d'entr'eux se distinguent même par la constance infatigable de leur zèle et de leurs travaux ; malheureusement leur exemple est plus admiré qu'imité.

Ce qu'il y a de plus fatigant, c'est la prétention de la médiocrité, la présomption inspirée par un petit succès, la tyrannie exercée sur l'administration par tel individu que la faveur du public environne momentanément.

Chacun d'eux prétend influer sur l'Opéra, et s'en croit l'unique soutien et le principal attrait. Le plus mince talent pense réunir en lui seul toutes les ressources de l'art lyrique. Les uns et les autres ont leurs patrons et leurs cliens, d'où résultent une action et une réaction continuelle de demandes, de recommandations et même d'exigence.

Rien ne serait plus facile que d'arrêter tous ces désordres ; un réglement sagement combiné, et constitué le soutien d'une volonté énergique, ramènerait à la soumission, et détruirait bientôt tous les moyens de résistance.

Il attacherait les artistes à la prospérité du théâtre, par le sentiment de leur avantage personnel.

» Si le public savait d'ailleurs les tracasseries que l'on éprouve fréquem-
» ment de la part *des protecteurs* et sur-tout *des protectrices*, lors qu'au terme
» des réglemens l'on s'est cru en droit d'exiger que leurs protégés remplissent
» mieux leurs devoirs, et combien le ministre lui - même est importuné
» à cet égard ; alors il jugerait qu'il faut bien du zèle, et une patience
» presque surnaturelle, pour se charger d'une pareille administration, et
» que celui qui a imaginé, en parlant d'une chose difficile à conduire, de
» la comparer à un opéra, ne s'est point trompé ».

Il unirait, de la manière la plus indissoluble, l'intérêt général avec les intérêts particuliers. .

Sur-tout il neutraliserait ce *desir d'émigration*, dont nous allons parler tout - à - l'heure, qui les tourmente sans cesse, qui attiédit leur zèle, et qui leur sert de prétexte pour se maintenir dans l'oisiveté et la désobéissance.

§. X.

Améliorations proposées. — Nécessité de constituer au Directeur une autorité durable et énergique.

Les qualités nécessaires à un Directeur d'Opéra, sont rarement et difficilement réunies.

Elles consistent dans une éducation cultivée, un caractère ferme, une impartialité à toute épreuve, et cette sorte de flexibilité d'esprit et de manières qui applanit, qui prévient même les difficultés et les entraves de toute nature. Il faut, *sans être artiste*, qu'il aime les arts et les artistes; qu'il soit initié depuis long-tems dans la doctrine intérieure des théâtres; qu'il s'identifie avec l'esprit, les habitudes et même les caprices des artistes, et qu'il ait l'art d'en tirer parti pour la plus grande prospérité du théâtre, dont la direction lui est confiée.

Il faut encore qu'il soit homme à ressources; qu'il s'instruise parfaitement des moyens que présentent chaque jour les choses et les individus, pour la formation ou la modification souvent inopinée du répertoire.

En outre, il doit être versé dans la connaissance des arts libéraux et mécaniques, utiles à la scène.

Il est essentiel qu'il connaisse à fonds la situation et les valeurs du théâtre et des magasins; qu'il sache les mettre en œuvre, et *produire de grands effets avec de petits moyens.*

. A tout cela, s'il peut unir un goût sûr et exercé, et sur-
tout le don de pressentir le sort des nouveautés, et d'observer
les progrès du goût du public, il sera, pour l'Opéra, l'homme
le plus rare et le Directeur le plus précieux. Il sera difficile,
peut-être même impossible de le rencontrer. Nous n'en offrons
ici le tableau, que pour avoir le droit de dire combien nous
avons médité sur l'ensemble des qualités et des moyens nécessaires à un bon Directeur.

Dans l'hypothèse cependant où cet homme existerait, il ne
pourrait remplir sa place et seconder les vues du Gouvernement
qui l'aurait choisi, qu'autant qu'il serait revêtu d'une autorité
énergique.

Pour le garantir d'abord de l'instabilité actuelle de cette
place, il serait nécessaire de l'y fixer pour un période de
longue durée.

Ce grand principe, *que toute institution se consolide par
le tems et par la fixité*, habituerait les administrés à considérer le Directeur comme leur chef immuable, à l'abri du jeu
de leurs intrigues, de leurs tracasseries et de leurs petites
calomnies.

Ce serait peu d'affermir l'homme dans sa place, il faudrait
encore constituer son autorité *immédiate*.

Il serait indispensable, à cet effet, que, du consentement
du dignitaire chargé de la surveillance de l'Opéra, les artistes
et les autres administrés fussent convaincus que *la fixation
des emplois, des appointemens et des feux, l'admission
des sujets, le réglement des indemnités, celui des gratifications, la détermination des rôles et des emplois*, et
sur-tout *la faculté de punir et de récompenser*, forment
l'ensemble des attributions et de l'autorité du Directeur.

Ainsi le maintien du sort des artistes serait ostensiblement
placé dans les mains du Directeur.

Ce serait le seul moyen de les ramener dans les liens de la
subordination.

Sans cette latitude dans ses attributions, comment le Directeur parviendra-t-il à contenir et à faire mouvoir ce nombre considérable d'individus élevés dans la dissipation et le tumulte d'un grand théâtre ? Quel frein pourra-t-il opposer aux exaltations de l'amour-propre, aux prétentions exagérées et sans cesse renaissantes que cet amour-propre, et quelquefois l'envie même leur inspirent ? Quelle sera sa ressource pour les arracher à l'oisiveté, pour les soustraire à leurs plaisirs, et fixer leurs divagations continuelles ? Quel moyen aura-t-il pour la formation de ses répertoires, pour activer la mise des ouvrages nouveaux ? comment enfin pourra-t-il faire agir tous les ressorts d'une administration aussi vaste, aussi compliquée ?

Ces vérités sont senties et professées par toutes les personnes éclairées qui ont eu occasion d'approcher de cette administration, d'en considérer les mouvemens, d'en reconnaître les entraves (1).

_____

(1) Nous trouvons dans un rapport sur l'Opéra, fait en 1791 par l'administrateur des établissemens publics, la preuve de ce que nous avançons. « Talens supérieurs à récompenser, y est-il dit, talens inférieurs et non moins » utiles à encourager; balance à tenir entre les auteurs et les sujets attachés » au spectacle ; pièces à établir et à remettre ; répertoire à composer, par » conséquent succès à préparer, chûtes à prévenir ; ateliers et travaux à » inspecter; fournitures à régler; déprédations à empêcher; réglemens à « faire observer; service journalier à ordonner et à suivre; débuts à accorder ; » demandes à admettre ou à rejetter ; (cette partie n'est pas une des moins » désagréables) cas imprévus à décider sur-le-champ, etc. etc. font de l'Opéra » une machine immense et très-compliquée. Aussi quel que soit le nombre » des préposés, quel que soit leur zèle, leur intelligence, leur probité, ce » qui reste à l'administrateur, qui ne doit s'occuper que de la surveillance » générale, suffit pour absorber son tems en entier.

« La conduite à tenir dans l'administration de ce spectacle, dépend quel » quefois du moment et de la circonstance, parce que les arts qui en font » tout le prix, les talens agréables qui en font le seul mérite, veulent exister » avec une sorte d'indépendance. Ils ont toute la mobilité du caprice. Ils » s'effarouchent facilement, et l'on ne parvient à les faire marcher de con » cert, qu'en se prêtant à leur coquetterie. Tantôt on est obligé de les

Les

Les premiers artistes de l'Opéra, ramenés, par l'âge et l'expérience, aux vrais principes, et fatigués eux-mêmes des désordres intérieurs, dont ils sont souvent les victimes, sont également persuadés que l'autorité du Directeur doit être revêtue d'une force suffisante; sans quoi ce spectacle est paralysé dans sa marche, contrarié dans ses travaux, et exposé aux périls d'une altération inévitable.

§. X I.

Suite des améliorations proposées. — Moyens de prévenir l'émigration des artistes.

Les nations voisines ont d'abord envié la supériorité de l'Opéra sur tous les autres théâtres de l'Europe; ensuite cette supériorité a excité leur émulation.

Des théâtres français se sont établis dans la plupart des capitales.

De tous côtés, l'on a sollicité nos danseurs.

Pour les obtenir, on leur a fait des offres magnifiques.

Plusieurs se sont laissés entraîner.

Quelques succès frivoles ont exalté les espérances de tous.

Aujourd'hui l'on n'entend parler que d'acteurs partis ou sur

» caresser, de descendre aux prières; il serait quelquefois dangereux de
» s'armer contre eux de sévérité; tantôt, au contraire, il faut, en quelque
» sorte, les brusquer; il faut sur-le-champ décider, savoir faire le sacrifice
» d'une partie pour sauver le tout; mais pour cela il faut jouir d'un pouvoir
» plein et entier. Tant que l'administrateur sera retenu dans ses projets,
» contrarié dans ses mesures; tant qu'il sentira le bien et n'osera prendre
» sur lui de l'ordonner; tant qu'il sera comme un homme obligé de marcher
» et de travailler, mais dont on lierait les bras et les jambes; tant qu'il faudra
» que l'administrateur se fasse autoriser dans chacune de ses opérations,
» l'Opéra n'aura qu'un état précaire, etc. etc. »

E

le point de partir *pour l'Espagne, pour les Deux-Siciles, pour la Russie, pour diverses capitales du nord.*

Cette ressource, nouvellement ouverte à leur légèreté naturelle, accroît leur insubordination.

Au moindre mécontentement ils menacent de leur démission.

Des embaucheurs, avec des engagemens tout prêts, les environnent de sollicitations pressantes, et de brillantes promesses.

Ce genre de séduction est chaque jour à la veille de priver l'Opéra de ses premiers talens.

Que nous restera-t-il? des acteurs de seconde et troisième ligne, des ouvriers dramatiques, des élèves insignifians!

Dès-lors les sacrifices faits par le Gouvernement ne serviront plus qu'à enrichir nos voisins et à appauvrir notre scène.

Jusqu'à présent la police générale n'a porté sur cette nature de désordre qu'une faible attention, et par conséquent insuffisante.

Il est, cependant, essentiel de se bien persuader que l'Opéra doit être envisagé, non-seulement comme *spectacle,* mais comme *propriété nationale;*

Que sa supériorité sur tous les théâtres connus intéresse la gloire d'un vaste empire;

Qu'il est un des principaux monumens du génie et de l'industrie française, et le rendez-vous de l'opulence et de la curiosité universelle.

Ce spectacle, l'un des points de réunion du chef de la nation avec la nation elle-même, nous donne les moyens d'offrir à ce héros le tribut si bien mérité de notre admiration, de notre dévouement et de nos respects.

Dans l'Opéra nous contemplons *une fête permanente,* que l'Empereur donne à l'Europe réunie.

Qui donc s'arrogerait impunément la faculté de dépouiller cette fête de ses principaux ornemens!

C'est cependant ce qui arriverait, si des individus redevables de leurs talens à la bienfaisance nationale, pouvaient aller chez les nations étrangères offrir cette même industrie à ceux qui la paieraient le plus.

Ainsi les peuples voisins, les nations même ennemies, s'enrichiraient de nos propres richesses.

L'Opéra, soutenu à grands frais par le Gouvernement, ne doit-il pas être considéré comme faisant partie de la Maison impériale et de sa magnificence ?

Dès-lors les sujets de ce théâtre sont aussi fortement attachés à leurs services respectifs, que peuvent l'être toutes les autres parties de la maison de l'Empereur.

La police générale, d'accord avec le Ministre des relations extérieures, doit par conséquent employer les mesures les plus énergiques pour conserver parmi nous les divers artistes de l'Académie impériale de musique.

Elle doit donc arrêter toute émigration, ou la rendre inutile par la transmission d'un ordre de rappel sans début, et de suspension au retour.

Nul passe-port ne doit être délivré à aucun d'eux, sans le consentement et l'attache de l'administration.

Leur départ furtif pour l'étranger est une véritable désertion. Il faut la prévenir ou la punir.

Il faut que ceux qui donnent les mains à ces émigrations encourent des peines assez fortes pour prévenir toute récidive.

Dès-lors, fixés dans leur propre pays, les artistes ne se soustrairont plus à la dette de la reconnaissance envers l'établissement auquel ils sont redevables de leurs talens.

Le Gouvernement recueillera ce qu'il a semé. Il ne souffrira plus que les nations étrangères, et souvent ennemies, s'approprient impunément nos richesses dramatiques, et n'acclimatent chez elles les plantes précieuses dont nous avons cultivé l'enfance et hâté les progrès.

§. X I I.

Proposition d'une Caisse de retenue ou d'économie, pour
assurer aux artistes de l'Opéra une retraite plus hono-
rable dans leurs vieux jours, indépendamment de la
pension qui leur est acquise par les réglemens, au bout
de quelques années de service.

Une ordonnance du 17 mars 1780, avait prescrit la retenue annuelle d'un 6e. sur les appointemens des artistes de l'Opéra. Au
bout de 15 ans, le total de cette retenue, avec une bonification
d'intérêt à 5 pour cent, était remis à chacun d'eux.

Ainsi, celui qui, pendant 15 ans, avait joui d'un traitement
annuel de 6,000 liv., n'ayant réellement touché chaque année
que 5,000 liv., recevait de la caisse de retenue, après ces mêmes
15 années révolues, 1°. 15,000 liv. de capital; 2°., 7,200 liv.
pour les intérêts, à 5 pour cent : total, 22,200 liv.

Au bout de vingt ans il aurait reçu 32,600 liv., savoir : son
capital de 20,000 liv.; plus, 12,600 pour les intérêts à 5 pour
cent que ce capital lui aurait produit.

Le système de ce placement avait été réglé à un période de
15 ans, parce qu'alors 15 ans de service donnaient titre à la
pension.

Ainsi chaque artiste joignant ce capital, ainsi économisé, à
la pension que lui avaient méritée ses 15 années de service, avait
la certitude d'une retraite honorable, et d'une vieillesse à l'abri
de l'indigence.

Nous proposons de rétablir maintenant cette caisse de retenue,
mais dans un mode beaucoup plus productif pour chaque
actionnaire, et bien moins onéreux quant à la quotité des
sommes retenues.

Les réglemens nouveaux exigeant un service de 20 ans pour
avoir titre à la pension, nous allons calculer sur une retenue

pendant 20 ans de la somme distraite des appointemens annuels au-dessus de 2,000 fr.

Les appointemens inférieurs à 2,000 fr. ne pouvant que faire face à la dépense rigoureuse et annuelle de celui qui ne gagne que ce modique traitement, il nous semble qu'il y aurait rigueur et presque injustice à vouloir l'assujétir à une retenue quelconque.

Depuis 2,001 fr. jusqu'à 6,000 fr. d'appointemens, la retenue annuelle serait d'un vingtième ;

De 6,001 fr. à 9,000 fr. d'un quinzième ;

De 9,000 fr. à 20,000 fr. et au dessus, d'un dixième.

On établirait une caisse particulière, dite *Caisse de retenue*, près de celle de l'Opéra, dont les opérations commenceraient le premier vendémiaire de l'an 13.

Dans cette caisse seraient versées les sommes distraites, chaque mois, des appointemens assujétis à la retenue.

Le cinquième jour complémentaire suivant, ce caissier particulier rendrait un compte à l'administration, en présence de tous les artistes intéressés.

Ce compte consisterait dans un bordereau nominatif des individus, et énonciatif des sommes retenues sur chacun d'eux.

Le Mont-de-Piété, considéré comme celui de tous les établissemens publics de France, qui, pour les placemens de fonds, présente le profit le plus élevé, réuni à la solidité la plus incontestable, est par nous proposé aux artistes, comme moyen et lieu de placement.

Le terme moyen des intérêts qu'il donne est évalué à six pour cent. Dans ce moment il offre un intérêt plus considérable, mais cet état de choses n'est qu'instantané : on ne peut donc raisonnablement calculer que sur le pied de six pour cent, comme nous venons de le dire.

Mais un avantage infiniment précieux que cet établissement présente, c'est que, renouvellant chaque année ses emprunts, il met à même l'actionnaire de faire valoir, non-seulement son capital, mais encore les produits antécédens et progressifs de ce capital.

Ainsi, prenant pour exemple le particulier qui, sur un traitement de 9,000 fr., en consacre le dixième à un placement de prévoyance, et qui chaque année ajoute un nouveau dixième, non-seulement aux précédens, mais encore à la masse des intérêts qu'ils ont produits, il nous sera facile de prouver, qu'au bout de 20 ans, cette nature de placement lui aura procuré une masse de 35,093 francs 25 centimes.

En voici la preuve :

Première année.

| Capital . . . . | 900 fr. | } | 954 fr. |
| Intérêt à 6 pour cent. . | 54 | | |

Deuxième année.

| Capital . . . . | 1,854 | | } | 1,965 | 24 c. |
| Intérêt. . . . . | 111 | 24 c. | | | |

Troisième année.

| Capital . . . . | 2,865 | 24 | } | 3,036 | 94 |
| Intérêt. . . . . | 171 | 70 | | | |

Marchant ainsi par progression jusqu'au terme de 20 ans, il s'en suivra la preuve arithmétique, qu'en plaçant, chaque année, pendant 20 ans, 900 francs *au Mont-de-Piété*, et y faisant fructifier simultanément les capitaux et les produits, il en résultera, au bout de ce terme, un total de 35,093 fr. 25 centimes, (ce que l'on peut voir dans le second tableau ci-après annexé.)

Dans le systéme du placement prescrit par l'ordonnance du 17 mars 1780, une semblable retenue, au bout du même terme, n'aurait produit, à 5 pour cent, seul intérêt du capital, qu'une somme nette de 27,450 francs ; savoir : 18,000 francs de capital et 9,450 francs, d'intérêt.

Par conséquent, le mode que nous proposons présente, au-dessus de celui-ci, un avantage incontestable de 7,643 francs 50 cent., c'est-à-dire, de 27 et demi pour cent, au total.

Nous joignons ici, pour plus grande preuve de notre assertion, deux tableaux qui ne laissent rien à desirer.

L'un est comparatif de l'ancien mode de placement, avec celui que nous indiquons.

L'autre est une échelle progressive du produit, pendant 20 ans, et par année, de placemens de 100, 150, 400, 900 et 2,000 fr. à faire au Mont-de-Piété.

TABLEAU COMPARATIF

De l'ancien placement, à 5 pour 100, des sommes retenues sur les appointem
des artistes, avec celui que nous proposons de faire au Mont-de-Pié
à 6 pour 100.

CONDITIONS de chaque placement.	PRODUIT DES PLACEMENS, SUIVANT L'ANCIEN MODE, à 5 pour 100.		PRODUITS DES PLACEMENS, AU MONT-DE-PIÉTÉ, à 6 pour 100, avec les intérêts des intérêts.		AVANTAG du nouveau mo sur l'ancien
		fr.		fr.	fr.
Placement d'un 20e. ou de 100 fr. par an, pendant 20 ans, sur un traitement de 2,000 f.	Capital 2,000 » Intérêts 1,050 »	} 3,050 »	Capital 2,000 » Intérêts 1,899 25	} 3,899 25	849 2
Id. d'un 20e. ou de 150 fr. par an, sur un traitement de 3,000 fr. pendant 20 ans.	Capital 3,000 » Intérêts 1,575 »	} 4,575 »	Capital 3,000 » Intérêts 2,848 87	} 5,848 87	1,273 8
Id. d'un 15e. ou de 400 fr. par an, pendant 20 ans, sur un traitement de 6,000 fr.	Capital 8,000 » Intérêts 4,200 »	} 12,200 »	Capital 8,000 » Intérêts 7,597 »	} 15,597 ».	3,397
Id. d'un 10e. ou de 900 f. par an, pendant 20 ans, sur un traitement annuel de 9,000 f.	Capital 18,000 » Intérêts 9,450 »	} 27,450 »	Capital 18,000 » Intérêts 17,093 25	} 35,093 25	7,643 2
Id. d'un 10e. ou de 1,000 fr. par an, pendant 20 ans, sur un traitement annuel de 10,000 f.	Capital 40,000 » Intérêts 21,000 »	} 61,000 »	Capital 40,000 » Intérêts 37,985 12	} 77,985 12	16,985 1

TABLE

TABLEAU

D'UNE CAISSE DE RÉSERVE,

Présentant cumulativement les retenues annuelles qui seront faites aux artistes de l'Académie impériale de musique, avec les intéréts et intéréts d'intéréts, calculés à 6 pour 100 par an; SAVOIR:

	MONTANT DES RETENUES, y compris les intérêts , à 6 pour 100, et intérêts d'intérêts.				
Années.	du vingtième ou 100 fr. par an, sur un traitement de 2,000 fr.	du vingtième ou 150 fr. par an, sur un traitement de 3,000 fr.	du quinzième ou 400 fr. par an, sur un traitement de 6,000 fr.	du dixième ou 900 fr. par an, sur un traitement de 9,000 fr.	du dixième ou 2,000 f. par an, sur un traitement de 20,000 fr.
	fr. c.	fr. c.	fr. c.	fr. c.	fr. c.
1re.	106 »	159 »	424 »	954 »	2,120 »
2e.	218 36	327 54	873 44	1,965 24	4,367 20
3e.	337 46	506 19	1,349 84	3,037 14	6,749 22
4e.	463 70	695 55	1,854 80	4,173 30	9,274 16
5e.	597 53	896 29	2,390 12	5,377 75	11,950 60
6e.	739 38	1,109 07	2,957 52	6,654 42	14,787 62
7e.	889 74	1,334 61	3,558 96	8,007 66	17,794 86
8e.	1,049 12	1,573 68	4,196 48	9,442 08	20,982 54
9e.	1,218 07	1,827 10	4,872 28	10,962 60	24,361 48
10e.	1,397 15	2,095 72	5,588 60	12,574 34	27,943 16
11e.	1,586 98	2,380 47	6,347 92	14,282 82	31,739 74
12e.	1,788 20	2,682 30	7,152 80	16,093 80	35,764 12
13e.	2,001 49	3,002 23	8,005 96	18,013 38	40,029 96
14e.	2,227 58	3,341 37	8,910 32	20,048 22	44,551 74
15e.	2,467 24	3,700 86	9,868 96	22,205 16	49,344 84
16e.	2,721 27	4,081 90	10,885 08	24,490 41	54,425 52
17e.	2,990 55	4,485 82	11,962 20	26,914 92	59,811 04
18e.	3,275 98	4,913 97	13,103 92	29,483 82	65,519 70
19e.	3,578 54	5,367 81	14,314 16	32,286 86	71,570 88
20e.	3,899 25	5,848 87	15,597 00	35,093 25	77,985 12

F

Il nous reste maintenant à lever une objection inspirée nécessairement par le souvenir de la destruction d'une caisse à-
peu-près semblable, arrivée en l'an 10.

Rien de plus facile que de se garantir d'un semblable évènement.

D'abord les administrés de l'Opéra ont cessé, depuis le 1er. nivôse an 11, d'être soumis, quant à la gestion de leurs intérêts,
à la volonté ou plutôt au caprice de l'administration.

Le placement, détruit en l'an 10, avait été fait, *au nom
personnel* de l'administrateur, seul connu *au Mont-de-Piété,*
et vis-à-vis duquel seul cet établissement avait contracté.

Il lui avait été, par conséquent, très-facile de déplacer, à
son gré et sans avoir à redouter aucun contradicteur, non-
seulement les capitaux placés par lui et *en son nom,* mais
même les intérêts qu'ils avaient pu produire.

Ici nous pensons que le placement doit être fait *au nom de
chaque artiste,* en présence de l'administration de l'Opéra,
et que les conditions de ce placement doivent être tellement
combinées, que, 1°. le retrait des sommes placées ne puisse
être fait qu'après 20 ans, ou après le décès de l'artiste titulaire;
2°. que le concours de la présence de l'administrateur et de
l'artiste titulaire soit indispensable à l'époque où le retrait des
sommes placées pourra être demandé et effectué.

De cette manière, il deviendra impossible à l'administrateur
de disposer à son gré de l'avoir des administrés, comme à
aucun des administrés de nuire au bien qu'on veut lui faire,
et d'en empêcher le résultat, en anticipant sur l'époque à laquelle le remboursement de sa retenue lui doit être fait.

En présentant de tels avantages, en se chargeant d'une pareille
gestion, l'administration doit aussi avoir la faculté d'en priver,
1°. l'artiste ingrat qui abandonnerait, sans congé, l'Opéra,
pour aller exercer, sur tout autre théâtre ou chez l'étranger,
son talent; 2°. celui que ses désordres scandaleux, ou une
continuité d'actes d'insubordination, auraient mis dans le cas

d'être expulsé exemplairement de l'Opéra. L'un et l'autre perdront, sans retour, leur propriété particulière, acquise sur la caisse de retraite. Cette propriété, ainsi perdue, tournera au profit de leurs camarades, et servira à acquitter d'autant les frais de gestion de la caisse.

Par cette mesure, les artistes tranquilles et s'acquittant exactement de leurs devoirs, auront une garantie acquise contre le détriment que peut éprouver le spectacle, par l'inconduite, le caprice, ou la cupidité égoïste de certains de leurs camarades.

Que d'avantages réunit *la caisse de retenue* que nous proposons !

1°. Le total à-peu-près *doublé* des sommes mises en réserve pendant 20 ans, par chaque artiste; laquelle réserve ne produit qu'une diminution très - médiocre du traitement annuel de chacun d'eux.

2°. Solidité la plus desirable, dans le mode de placement de cette réserve.

3°. Garantie contre l'indigence pour l'avenir, et à l'époque des retraites.

4°. Cumulation de ce capital économisé avec la pension de retraite accordée par l'Opéra, et probablement avec celle qu'ils peuvent espérer de la munificence impériale.

5°. Moyen de consolider la réunion des artistes de l'Opéra ; de prévenir l'émigration de quelques - uns d'entr'eux ; de les maintenir tous dans les liens de l'obéissance, et dans les habitudes d'une conduite réglée.

6°. Nécessité où se trouveront les artistes de l'Opéra, de pratiquer des principes d'économie et de prévoyance que l'on peut appeler *seconde providence du genre humain.*

F 2

PROJET DU RÉGLEMENT DE LA CAISSE DE RETENUE.

ARTICLE PREMIER.

Il sera établi une retenue sur les appointemens de ceux des artistes attachés à l'Académie impériale de musique, qui ont un traitement annuel au-dessus de 2,000 fr.

ART. II.

Cette retenue sera d'un 20e. sur les traitemens de 2,001 à 6,000 fr.; d'un 15e. sur ceux de 6,001 à 9,000 fr.; et d'un 10e. sur ceux de 9,001 jusqu'à 20,000 fr. et au-dessus. Elle sera prélevée par 12e. à l'instant de l'acquittement du mois.

ART. III.

Cette retenue sera de suite versée dans une caisse particulière, dite *Caisse de retenue*, tenue par un préposé particulier.

ART. IV.

La formation de la Caisse de retenue commencera au mois de vendémiaire an XIII. A dater de cette époque, il ne sera fait par le caissier de l'Opéra aucun paiement de mois, à aucun des artistes appointés au-dessus de 2,000 fr., sans faire la distraction de la somme qui doit être versée à la caisse de retenue, et en effectuer le versement, à peine de prévarication.

Le dépositaire de la Caisse de retenue sera tenu, *chaque mois*, dans la huitaine qui suivra le versement fait en ses mains par le caissier de l'Opéra, de placer la somme versée dans sa caisse, au *Mont-de-Piété* de Paris, et de prendre reconnaissance dudit placement.

Art. V.

L'acte qui sera dressé, auquel seront présens le directeur et l'administrateur comptable, les artistes titulaires ou leurs fondés de pouvoirs, et le caissier de la Caisse de retenue d'une part, et l'administration du Mont-de-Piété de l'autre, contiendra constitution de l'intérêt annuel convenu et réglé entre les parties.

Art. VI.

Le 5°. jour complémentaire de chaque année, le dépositaire de la Caisse de retenue rendra un compte de sa gestion. Il établira, par un bordereau, l'état nominatif des artistes titulaires, et les sommes par lui reçues et placées au Mont-de-Piété au nom de chacun d'eux pendant le cours de l'année. Il présentera, en même tems, un compte, tant des capitaux que des intérêts échus, arrêté à la même époque entre lui et l'administration du Mont-de-Piété, et d'après lequel lesdits intérêts échus et laissés au Mont-de-Piété seront regardés comme capitaux versés, et dès-lors porteront eux-mêmes intérêts.

Art. VII.

Ces opérations seront continuées jusqu'en l'année XXXII, au dernier jour de laquelle sera délivré à tous les artistes titulaires dont les versemens au Mont-de-Piété ont commencé en l'an XIII, le produit total de ces mêmes versemens, tant en capitaux qu'intérêts, et intérêts des intérêts.

Art. VIII.

Ces retenues devant avoir un période non interrompu de vingt années, les artistes dont les versemens auront été postérieurs à l'an XIII, n'auront droit à un remboursement total, qu'après un cours de vingt années, à dater de leur premier versement.

Art. IX.

En cas de décès d'un artiste titulaire, ses héritiers ou ayans-cause pourront demander le remboursement du produit des retenues faites sur le décédé, dans les derniers jours de l'année dudit décès arrivé.

Art. X.

L'administration du Mont-de-Piété ne pourra effectuer de remboursement à aucun des artistes titulaires, ainsi qu'à leurs héritiers ou ayans-cause, qu'en présence et du consentement de l'administration de l'Opéra.

Art. XI.

Dans l'acte ou procès-verbal portant constitution de l'intérêt, et qui sera fait au nom des artistes, en présence de leur administration, avec celle du Mont-de-Piété, il sera exprimé textuellement que les artistes titulaires fournissent *eux-mêmes* les fonds de leurs placemens, et que ces fonds et leurs produits forment *leur propriété* directe et personnelle.

Art. XII.

Les capitaux et produits des capitaux ainsi placés, ne seront pas *saisissables*, et ne pourront être arrêtés par aucune opposition.

Art. XIII.

Tout artiste qui quittera l'Opéra sans congé, pour aller exercer ses talens sur un autre théâtre ou chez l'étranger, perdra ses droits à la Caisse de retenue, ainsi qu'aux placemens faits au Mont-de-Piété, quels qu'aient été ses versemens,

Il en sera de même pour celui que des actes d'insubordination répétés , ou une conduite évidemment scandaleuse, auront fait chasser solemnellement de l'Opéra.

Les sommes revenant aux uns et aux autres acquitteront les frais de la Caisse de retenue. Le surplus, s'il y en a , appartiendra à ses camarades , en parties égales.

Art. XIV.

Les frais de tenue de caisse , et les appointemens du caissier particulier seront prélevés avant tout et distraits de la masse annuelle , à la fin de chaque mois , et à l'instant où se feront les placemens au Mont-de-Piété.

Art. XV.

Le présent arrêté sera présenté à l'acceptation de tous les artistes actuels de l'Opéra. Il sera obligatoire pour ceux qui l'auront accepté. Il le sera de droit pour tous ceux qui seront admis postérieurement à sa date.

Art. XVI.

L'administration de l'Opéra statuera sur les demandes de versemens anticipées , que de certaines circonstances , telles que réforme , maladies , incendie et autres malheurs imprévus pourront provoquer, avant les vingt années de rigueur , de la part d'aucun des artistes titulaires.

Art. XVII.

Cet arrêté est commun aux préposés et employés de l'Opéra.

§. XIII.

Suite des améliorations proposées. — De celles à faire dans le choix des ouvrages, le chant, la danse et les autres parties du service.

Un meilleur régime étant constitué, la dépense étant balancée avec les produits, l'autorité du directeur et la subordination des administrés étant établies, la retraite et la vieillesse des artistes étant garanties, rien ne sera fait encore, si l'on ne s'occupe avec intérêt du spectacle lui-même.

Depuis vingt-deux mois, la chûte successive de six pièces, a restreint ce théâtre à son ancien répertoire ; encore n'a-t-on pu faire exécuter qu'un très-petit nombre d'opéras et trois ou quatre ballets.

Le crédit des personnes en places, l'influence des autorités diverses, les préventions pour certaines renommées ont, en quelque sorte, commandé les fatales adoptions qui, depuis deux années, ont fait éprouver à ce théâtre des pertes considérables, par l'augmentation de dépense, et par la perte des bénéfices.

Ainsi, l'on peut dire, que, de chûte en chûte, et d'école en école, ce théâtre a perdu deux années. Un tel enchaînement de disgraces laisse croire à l'opinion publique que le génie lyrique s'éloigne de notre capitale, et qu'il n'est remplacé que par les faibles essais et les impuissans efforts de la médiocrité et de la prétention.

Cependant, combien d'ouvrages pleins de mérite, de verve et d'attraits languissent ensevelis dans les porte-feuilles d'auteurs modestes et étrangers à l'intrigue ! combien de richesses réelles sont restées long-tems méconnues ! combien de pitoyables productions ont peut-être usurpé la préférence sur des chef-d'œuvres !

Si, comme on a lieu de l'espérer, ces fatales influences
s'anéantissent ;

s'anéantissènt ; si les considérations étrangères aux progrès de l'art lyrique cessent d'être écoutées, il devient évident que l'Opéra, centralisant ses forces, ses déterminations et ses moyens, ne consentira désormais à adopter que des ouvrages dignes de son théâtre, et faits pour raviver la curiosité générale.

L'opéra des Bardes, ce monument de génie, et cause de tant de persécutions, va sortir enfin de l'abîme dans lequel on espérait l'engloutir. Son succès doit honorer le génie français, en même tems qu'il relèvera la renommée de ce théâtre.

Aux *Bardes* succéderont sans doute d'autres nouveautés d'un effet brillant et certain. Les accens mélodieux de *Mozart* peuvent être reproduits sur la scène. Les *Mystéres d'Isis* ne nous ont révélé qu'une faible partie des beautés musicales de ce compositeur célèbre. Un nouveau cadre lyrique peut nous en faire connaître de plus piquantes encore.

POÈMES.

De toutes les parties de la littérature française, c'est la plus difficile et la moins estimée.

Elle est cependant loin de l'état de dégradation où elle se trouve en Italie.

En France, on veut de bons poèmes qu'on puisse écouter et applaudir ; en Italie, le musicien ne demande au poète qu'un prétexte de musique ; ce *prétexte*, ou *canevas* n'est rien pour le spectateur.

Il suit de-là, qu'en France, il y a beaucoup de difficultés à faire un opéra, et presque point de gloire à en recueillir ; tandis qu'en Italie, les faiseurs de poème sont sûrs de ne trouver ni l'une ni l'autre.

Dans les porte-feuilles de nos poètes modernes et de nos jeunes

G

...auteurs se trouvent beaucoup de *poémes* ou canevas *d'opéra*. Ces poèmes peuvent renfermer de bons vers , des scènes passables, des situations attachantes ; mais tels qu'ils sont , nous sommes certains que la plus grande partie d'entr'eux serait inexécutable.

La coupe des vers pour la musique est , en général, peu connue.

Rarement un poète sait la musique , l'aime et en fait même quelque estime.

Il est inconcevable combien en France de faux préjugés séparent les professions, les arts et les corporations. Des doctrines inspirées par la sottise , et maintenues par l'orgueil , établissent des lignes de démarcation entre une multitude de choses qui devraient être réunies et quelquefois identifiées.

Pour faire un bon opéra , il faut cependant qu'un poète ait le *sentiment musical*, et qu'il connaisse parfaitement *les effets de la scène ;* il faudrait même qu'il s'entendît en *décors* et en *machines* , qu'il eût étudié à fonds les *ressources* et les *limites* de l'art théâtral.

Une poème ne peut avoir de succès à l'Opéra qu'autant que le sujet en est ou généralement connu, ou exposé avec une telle clarté , qu'il ne puisse échapper même à l'inattention ; que l'action marche avec un intérêt progressif ; que chaque personnage ait un caractère distinct, prononcé et soutenu ; que chaque acte offre au compositeur et au décorateur des effets et des oppositions.

C'est à lui à calculer d'avance les effets des *grouppes* qu'il indique , des *ballets* qu'il demande , ainsi que l'ordonnance des *marches* ou des *fêtes* qu'il veut faire exécuter.

Ce n'est pas aux hasards de son imagination qu'il doit s'abandonner. Les conceptions poétiques sont aussi vastes que la pensée. Elles vont au-delà des bornes de l'univers , au-delà même du possible. Mais l'exécution de ces tableaux, indiscrètement exigée par le poète, est circonscrite dans les limites imposées à la peinture et à la mécanique. Il en est même d'exécutables, qu'on se garderait bien de produire, à raison de l'effet bizarre, ridicule ou absurde qu'on serait sûr d'en obtenir.

Si cependant le poète n'est ni *musicien*, ni *peintre*, ni *machiniste*, ni *chorégraphe ;* s'il n'est initié en aucune manière dans les secrets de ces arts divers, il faut, de toute nécessité, qu'il interroge et qu'il consulte auparavant *le maître des ballets*, *le machiniste* et *le peintre* pour la coupe de ses actes et de ses scènes, pour l'indication de ses décors, de ses fêtes, de ses marches et de ses ballets ; il faut enfin que, laissant sommeiller les élans de sa verve, il prenne pour règle invariable de ses conceptions lyriques, la possibilité et la certitude des effets.

Il n'est pas jusqu'aux *costumes* qu'il doit moins soumettre à la fidélité des traditions, qu'aux convenances théâtrales. En général, on ne sait pas assez, même au théâtre, que la scène n'est point chargée de présenter la *vérité*, mais seulement *la perspective* ou la partie *pittoresque de la vérité*.

Après cela, que de choses le poète n'aura-t-il point encore à démêler et à concerter avec le compositeur, s'il ne sait point la musique, et s'il est étranger au travail de la composition ! Il aura fait de *superbes vers* que l'on ne pourra point *chanter*. Il aura suivi un rithme *uniforme*, tandis qu'il doit être *varié*. Le musicien trouvera de *grands* vers où il lui en faut de *petits*. *Les airs, les duos, les trios, les finales* ne seront pas à leur place. Ici, ils arrêteront la marche de la scène ; là, ils assoupiront le spectateur ; ailleurs, un effet certain sera enseveli dans un morne *récitatif*. Le meilleur poète ne sait rien deviner de tout cela, s'il n'est que *poète*. Les vers dont la facture lui a été le plus pénible, seront impitoyablement retranchés par le compositeur qui, ne pouvant les revêtir du chant convenable à l'action, lui en demandera d'autres plus courts, plus variés, et plus propres enfin aux effets de mélodie et d'harmonie que la situation qu'il doit peindre sera venue lui inspirer.

Les connaissances littéraires, le goût, le talent de faire des vers, une théorie superficielle de l'art dramatique, sont des moyens insuffisans pour composer un bon opéra.

Un opéra n'est, *ni une comédie, ni une tragédie.*

Le *poète* et le *comédien* font tout dans ces sortes d'ouvrages; le luxe théâtral n'en est qu'un très-faible accessoire.

Le tracé des caractères, l'énergie des situations, la conduite des scènes, la magie des dénouemens, le charme du style et de la poésie, en constituent la véritable valeur; tout cela appartient au *poète.*

Ce n'est plus la même chose dans un *opéra.* On y présente plutôt une succession de tableaux qu'une véritable suite de scènes. Les sentimens n'y sont qu'indiqués; les développemens y sont impossibles. Un opéra doit être abondant en situations, et très-économe en paroles. Il exige un *laconisme* déguisé sous le luxe et le brillant de la poésie. Il se propose moins de toucher le cœur que de parler aux sens. L'ame se repose à ce spectacle, quand les oreilles et les yeux y jouissent.

Les opéras de Quinault, si dignes de l'admiration générale, sont encore mieux appréciés par les artistes. Outre le mérite du style, des dialogues, des situations, et de la coupe admirable des actes et des scènes, cet illustre écrivain donne à chaque instant la preuve qu'il connaissait les difficultés, les ressources et les effets de ce spectacle; qu'il savait prévenir les unes, et faire valoir les autres. Chacune de ces scènes s'arrange d'elle-même. Les *décors*, les *machines*, la *musique* et la *danse* s'y adaptent avec la plus grande facilité. Les chefs de chacune de ces parties n'auraient pu mieux faire que Quinault, chacun en ce qui les concerne.

Que nos jeunes poètes lisent et relisent ce grand maître avant d'entreprendre d'écrire un opéra. Qu'à son exemple, en méditant une scène, ils voient si elle est exécutable, et si toutes les parties qui vont concourir à son exécution peuvent être facilement mises en jeu, si elles se secondent mutuellement, si le tableau qui va paraître, peut succéder sans embarras à celui qui le précède, et enfin, si l'ensemble est d'un effet aimable, harmonieux et toujours croissant.

Sur-tout qu'ils soient convaincus qu'un *poème*, loin d'être un opéra, n'en est qu'une partie ; que les autres doivent être fournies par *le chorégraphe*, *le peintre*, *le machiniste*, et *sur-tout par le musicien*, et que c'est la *réunion* de tous les beaux-arts, et la mise en action de toutes les ressources que possède cet établissement, qui constituent véritablement un *opéra*, et mettent ce spectacle au-dessus de tous les autres.

L'expérience que nous avons acquise, les difficultés dans lesquelles nous ont entraînés certains poètes et certains poèmes, les refontes entières ou partielles d'ouvrages auxquelles il a fallu se livrer avant que de parvenir à leur représentation, justifient nos réflexions, et nous autorisent à donner ces utiles conseils aux jeunes gens qui se destinent à cette carrière.

CHANT.

Les maîtrises des anciennes cathédrales une fois réorganisées, les moyens d'enseignement rétablis, l'Académie impériale de musique aura la facilité de présenter au public des élèves formés à la *déclamation lyrique* par nos tragédiens, ainsi qu'à *l'art du chant*, tant *par les maîtres actuels de l'Opéra*, que par quelques habiles professeurs du Conservatoire de France et d'Italie, dont les leçons, mieux appliquées, deviendront nécessairement plus profitables.

Nous ne craindrons plus de voir abandonner les chef-d'œuvres de nos grands compositeurs. En marchant sur leurs traces, nos musiciens, déjà si riches de traditions pour l'exécution de leurs compositions célèbres, franchiront les anciennes limites, et perfectionneront l'art du chant.

Nous ne serons plus fatigués par les détonations d'une musique bruyante, ni par la monotonie d'une musique sans motifs, sans passions, sans couleur. L'Opéra deviendra dès-lors le modèle de l'art de prononcer, de débiter le *récitatif;* l'émule de *l'école italienne* dans la vérité du chant; le rival de *la tragédie française*, dans l'exactitude et la noblesse de la pantomime et du geste; enfin, il triomphera de toutes les autres écoles, par la force imposante et par la brillante exécution de son orchestre.

Notre espérance est de réunir l'énergie de l'expression tragique aux charmes de la mélodie perfectionnée. De quelles jouissances le public ne sera-t-il pas redevable à une nouvelle organisation d'écoles, si ses sujets élevés dans son sein parviennent à réunir la chaleur théâtrale des *Lainez*, des *Adrien*, au talent admirable des *Lays*, des *Garat*, et des premiers virtuoses d'Italie?

L'Opéra (c'est en vain qu'on voudrait se le dissimuler) compte beaucoup plus de *cantatrices* que d'*acteurs chantans*. La stérilité, à cet égard, serait vraiment effrayante, s'il n'était possible d'y remédier. Les *écoles* que nous proposons d'attacher à l'Opéra, peuvent, avec une très-légère dépense, rassembler un nombre d'*élèves mâles* qui nous rendrait bientôt les acteurs habiles que l'Opéra conserve encore, mais que le tems précipite vers la retraite.

Le moyen de hâter l'espoir des amis des arts, serait de faire une recherche dans tous les départemens, pour en obtenir quelques individus doués de l'âge, de la stature, de l'organe, du sentiment musical que nécessite un cadre aussi vaste et aussi imposant.

Une récompense affectée à ceux qui présenteraient des sujets dignes d'arriver aux premiers emplois, pourrait aussi nous conduire à un but si desiré.

Les mesures que nous indiquons sont d'autant plus urgentes, qu'à l'Opéra, non-seulement *les premiers rôles*, mais même *les chœurs*, sont à recruter. Les autres théâtres de Paris, ceux des départemens, vont bientôt manquer de sujets. L'exécution *de la musique théâtrale et dramatique* sera nécessairement anéantie en France, si l'on ne s'occupe pas incessamment de la restauration des *écoles primaires* en ce genre.

DANSE.

Cet art brillant, qui depuis quelques années a paru s'élancer avec une rapidité prodigieuse vers la perfection, nous présente, encore aujourd'hui, des côtés faibles.

Les artistes ont trop affectionné le *demi-caractère*, aux dépens du *sérieux* et du *comique*.

Quelques-uns d'entr'eux, égarés par les applaudissemens de la multitude, se sont abandonnés à des tours de force, en négligeant la précision, la souplesse, la grâce et l'expression.

L'éducation chorégraphique deviendra plus parfaite, si l'on parvient à persuader aux artistes, que le *mécanisme* de l'art ne forme qu'une très-petite partie de l'art lui-même, et que c'est l'ensemble d'un sujet qui en fait la perfection : alors nous aurons des danseurs gracieux, dignes émules de leurs modèles. Ceux-ci soutiendront la gloire de l'Opéra ; leurs élèves pourront obtenir des congés à la faveur desquels, parcourant les grands théâtres de l'Europe, ils donneront l'idée des talens de première ligne qui appelleront l'étranger à Paris.

Nous ne bornerons pas nos réflexions sur cet art au besoin du moment actuel : il est essentiel d'étendre nos idées et nos sollicitudes vers l'avenir.

La danse, considérée comme art libéral, a été, jusqu'à présent, privée du seul moyen de perfectibilité qui existe, c'est-à-dire, de la faculté d'unir, par une tradition écrite, les travaux des premiers artistes à ceux de leurs successeurs.

Les principes de cet art ne se sont communiqués, jusqu'à présent, que par la tradition orale. C'est à la mémoire des hommes qu'est confié le secret, ou plutôt la versatilité de ces mêmes principes. Chaque créateur, dans ce genre, n'est véritablement utile qu'à ses contemporains, et doit se refuser à l'espérance d'être cité, et même connu par ceux qui viendront après lui.

Il faut maintenant un grand effort de mémoire pour se rappeler les travaux et les succès des *Lany*, des *Dupré*, etc. Peu de personnes savent qu'ils ont été, dans le cours du siècle dernier, des danseurs et des chorégraphes célèbres. Nous pourrions citer de très-habiles danseurs qui ont fait les délices du théâtre pendant une longue suite d'années, qui existent encore, et qui survivent, en quelque sorte, à leur célébrité éteinte.

Cependant la danse rivalise d'attrait à l'Opéra avec l'art du chant et les diverses autres illusions dramatiques. La curiosité publique est souvent même plus excitée par le charme d'un ballet que par toute la magnificence d'un opéra. Nos premiers danseurs attirent la foule chaque fois qu'ils daignent paraître. Enfin, la danse est pour l'Opéra un très-grand moyen de produits et de succès.

Combien ne serait-il donc pas desirable de parvenir à fixer d'une manière certaine la doctrine de cet art si nécessaire à l'Opéra; d'en rendre les combinaisons et les progrès communicables, et de mettre les chorégraphes qui succèderont aux *Noverre*, aux *Dauberval*, aux deux *Gardel*, à même de posséder par écrit les travaux de ces brillans artistes, et de les accroître par leurs études et leurs conceptions personnelles !

Quelques

Quelques personnes ont risqué des essais sur ce que nous appellerons *l'écriture chorégraphique*.

Thoinet-Arbeau, à Langres, en 1588, *Feuillet*, *Favier*, *Dupré*, etc. etc., ont laissé après eux quelques travaux plus ou moins estimés. On les retrouve encore dans quelques bibliothèques. Les gens de l'art ne les consultent point. Très-peu d'amateurs se sont donnés la peine de les lire. Les indications qu'ils proposent, les signes qu'ils adoptent, sont marqués au coin de l'imperfection, du vague et de l'incertitude.

Les chorégraphes n'ont pas songé à établir les bases fondamentales, ou plutôt les principes de leur art, dans les diverses écritures dont ils ont présenté les essais.

Il fallait convenir d'une base première, consistant dans la quantité fixe des pas principaux et élémentaires de la danse.

Nous supposons qu'ils sont au nombre de vingt-quatre, et cette supposition n'est pas beaucoup éloignée de la réalité.

Ces vingt-quatre pas principaux se combinent ensuite les uns avec les autres, et en produisent un nombre considérable et indéterminé.

Avec vingt-quatre signes, représentant chacun un pas élémentaire, on parviendrait à peindre, non-seulement ces mêmes pas, mais ceux qui en dérivent, et qui sont le résultat de la combinaison des uns avec les autres.

Sur la ligne parcourue par chaque danseur, dans un nombre donné de mesures musicales, seraient semés les signes simples ou composés, représentant les pas principaux ou composés, exigés par le chorégraphe.

Ainsi tout un ballet serait tracé par une succession de tableaux formant une espèce de partition chorégraphique.

Par ce moyen, l'on aurait par écrit, et de la manière la plus fixe, l'ensemble et toutes les parties de chaque ballet.

Le directeur du théâtre de Marseille, par exemple, recevant une partition chorégraphique du maître des ballets de l'Académie impériale de musique, la ferait exécuter fidèlement, sans omettre

H

un pas ni une mesure, et sans avoir besoin d'en recevoir la tradition par un témoin oculaire.

De même, après trente ou quarante années d'interruption, l'administration de l'Opéra remettrait au théâtre un ballet dont il posséderait la musique, les pas et les figures, sans avoir besoin de la présence du chorégraphe, *absent ou mort*, qui l'aurait composé. Le maître des ballets dirigerait les danseurs, à l'aide de la partition qu'il aurait sous les yeux, comme le chef de l'orchestre conduit et dirige l'ensemble et l'exécution des musiciens.

La lecture d'une partition chorégraphique exigerait une étude préliminaire, laquelle ferait partie de l'education des danseurs. Dans dix années, on aurait une infinité de lecteurs de ce genre, lesquels ne seraient pas, comme les danseurs actuels, retrécis dans l'unique capacité d'exécuter des pas et des figures tracés par le maître des ballets, capacité qu'ils n'aquièrent qu'après des répétitions multipliées et excessivement laborieuses.

Chacun d'eux, lors de la mise d'un ballet nouveau, recevrait sa partie écrite, qu'il étudierait préliminairement chez lui, ce qui abrégerait de beaucoup les études à faire au théâtre. Ces études du théâtre ne consisteraient que dans le rapprochement des parties isolées pour la formation des grouppes et des ensembles.

Pour la composition des signes chorégraphiques, il serait essentiel qu'un habile chorégraphe se réunît à une personne familiarisée avec l'invention et la pratique des signes indicatifs.

La tachigraphie, la sténographie, la télégraphie et même *la pasigraphie*, sont toutes des sciences modernes, d'abord utiles, maintenant nécessaires et ayant entr'elles des rapports incontestables de parité.

Ces diverses sciences qui ont influé sur les évènemens politiques, et qui ont fait faire aux arts libéraux et mécaniques des progrès étonnans, sont dues aux méditations profondes d'un

assez grand nombre de personnes instruites et laborieuses qui,
pour parvenir chacune à leur but, ont créé une foule de signes,
en ont étendu les expressions et les propriétés, et se sont ensuite appliquées à les combiner les uns par les autres, à les lier
entr'eux, et à leur donner une marche simultanée, de manière
à en faire des mots et des phrases entières.

On conçoit que la réunion des méditations et des veilles
d'un habile chorégraphe et d'un homme familiarisé avec l'invention et l'appropriation des signes, nous donnerait tout droit
d'espérer qu'en très-peu de tems, l'*écriture chorégraphique*
serait déterminée et rendue applicable à toutes les parties, comme
à toutes les subdivisions de l'art de la danse.

Ainsi cet art dont les données ont paru jusqu'à présent être
si fugitives, acquerrait une fixité desirable et salutaire.

Les ouvrages d'une génération dans ce genre, ne seraient
plus perdus pour les générations suivantes.

L'Opéra conserverait les travaux successifs de ses divers
maîtres de ballets.

L'art de la danse acquerrait le plus grand moyen de perfectionnement qui lui a manqué jusqu'à ce jour, et auquel les
autres arts et les sciences doivent leurs accroissemens et leur
gloire.

PANTOMIME.

Par ce mot de *pantomime*, on n'entend point ces conceptions
insignifiantes, remarquables tout au plus par de jolis airs, de
brillantes décorations et d'élégans costumes, mais ces tableaux
vivans et animés des passions humaines et des grands évènemens tracés par l'histoire et la fable. L'Opéra n'a présenté,
jusqu'à ce jour, dans cette partie, que de faibles essais. Certains
théâtres subalternes ont été plus téméraires, sans être plus
heureux, et leurs étroites conceptions n'ont contribué qu'à
donner des regrets à l'homme instruit dont l'imagination

s'exalte au souvenir de ces pantomimes célèbres qui , *sous les Césars ,* firent les délices de Rome.

Il serait donc utile de ressusciter , à l'Opéra , les spectacles pantomimes de l'antique Italie. La fable nous prêterait ses merveilles ; l'histoire , ouvrant ses fastes , nous reproduirait ces actions d'éclat , ces évènemens mémorables, ces souvenirs touchans dont s'honorent les nations. Quelle mine nouvelle et intarissable à exploiter pour nos richesses dramatiques!

ORCHESTRE.

L'orchestre de l'Opéra , dirigé par un artiste d'un mérite supérieur (M. *Rey*), est, de toutes les parties de ce grand spectacle , celle qui touche le plus à la perfection. Le tems seul prescrit , à des époques éloignées , la nécessité de réparer des pertes par d'utiles acquisitions. Les artistes qui le composent , pris isolément , possèdent tous de très-grands talens. L'ensemble de leur exécution est admirable. On leur reproche, cependant, de couvrir les voix, et d'oublier trop souvent qu'ils doivent les seconder. Malgré cela , il est certain qu'aucun orchestre de l'Europe ne peut lui être comparé.

Si la forme d'un *demi - cercle* était substituée à celle de *parallelogramme ,* qu'occupent actuellement les artistes exécutans de cet orchestre célèbre , il nous semble qu'avec quelques changemens dans la place que doivent y avoir divers instrumens (par exemple , si les basses et contre-basses , qui forment le fondement de tout orchestre , étaient plus rapprochées du centre), il en résulterait plus d'ensemble et de précision dans l'exécution.

DÉCORATIONS.

Cet art offre dans ses études, et encore plus dans son exécution , des difficultés innombrables.

Ce n'est pas comme dans les tableaux ordinaires , une imitation fidelle des effets de la nature ou de l'objet placé sous lés yeux de l'artiste.

Le compositeur repousse, dans sa pensée, l'objet qu'il veut peindre, et le place dans un point de perspective très-éloigné de son pinceau ; en sorte que, ne formant à côté de lui qu'un bizarre assemblage de couleurs, il a la certitude que son ouvrage produira, à quelques toises de distance, le tableau fidèle de ce qu'il s'est proposé de peindre.

Jusqu'à présent les sciences exactes n'ont apporté que de faibles secours à la peinture de perspective ; seulement, il existe parmi les artistes une tradition de calculs approximatifs et à-peu-près indéfinis, que les élèves saisissent de leur maître avec plus ou moins de justesse. Ce calcul est plutôt de *sentiment* que de *combinaison* positive. C'est à force d'essais et d'études que le jeune peintre parvient à saisir ce secret de l'art, secret dont la révélation ne s'obtient que par un long travail et par une sorte d'inspiration.

Le peintre en décors doit commencer par méditer profondément le poème sur lequel il va faire ses compositions. Le résultat de cette méditation préliminaire est de faciliter le développement de la scène, et d'ajouter aux illusions d'intérêt et de sentiment créés par le poète, celle de la localité, de la perspective et des convenances.

Une décoration bien combinée contribue beaucoup plus qu'on ne croit au succès d'un opéra, lorsqu'elle est en harmonie avec la pensée du spectateur, et que l'imagination de celui-ci n'a pu aller au-delà des créations du peintre et du poète.

Le peintre décorateur est obligé, plus que tout autre, à une étude approfondie des richesses de la nature, de ses beautés, de ses accidens, des différences de climats, ainsi que des produits immenses des trois règnes.

Il doit particulièrement être instruit dans la fable, l'histoire et la chronologie.

Les mœurs , les arts , les costumes des peuples anciens et modernes , doivent lui être familiers.

On lui pardonne d'autant moins ses erreurs , que le théâtre ne rend les illusions parfaites qu'autant qu'elles sont plus précisément rapprochées de la vérité.

Il doit être doué d'une imagination vaste et énergique pour pouvoir inventer des effets qui frappent les spectateurs ; avoir une conception originale et juste jusques dans les moindres détails; des connaissances de géométrie et de perspective linéaire et aérienne très étendues.

Il faut qu'il joigne à ces qualités , une grande et riche théorie , ainsi qu'une pratique précise et sûre du mécanisme théâtral.

Enfin il est de la plus grande nécessité qu'il réunisse à un génie créateur , la capacité et les moyens de l'exécution.

Si les études d'un peintre en décors sont immenses , cet art ne peut nécessairement s'aggrandir que sous les Gouvernemens qui lui accordent une protection particulière.

La perfection actuelle des décors en Italie , et même en Espagne , en est une preuve sensible.

Bibiena , Servandoni , Cagliary , Gonzague et les frères *Degotti ,* furent successivement comblés des bienfaits de Charles III , roi d'Espagne ; de Charles Emmanuel , roi de Sardaigne ; du marquis de Visconty , à Milan ; du grand Frédéric ; de Marie Thérèse , et de Joseph II.

Aussi laissèrent - ils , dans les capitales de leurs augustes protecteurs , une foule de chef - d'œuvres.

Sous leur direction , se formèrent des écoles dont l'Italie profite encore aujourd'hui , et auxquelles elle doit les décorations de ses théâtres , qui font l'admiration de tous les hommes de goût qui ont parcouru l'Europe.

On reproche aux peintres français le travail d'un fini superflu , qui prend beaucoup de tems , et ne peut souffrir la comparaison avec la hardiesse et la célérité de l'exécution italienne.

L'aspect rapproché des décorations italiennes , n'offre que des masses de couleurs jettées en quelque sorte au hasard , et qui semblent avoir été employées sans intention et sans idée. Dans leur point de perspective , ce sont des tableaux ravissans d'effet et de vérité.

Les décorations françaises présentent au contraire , de près , un fini minutieux et tourmenté jusques dans les plus petites parties ; travail qui nuit plus qu'il ne seconde l'effet attendu de la perspective.

On reproche encore a nos artistes de ne pas savoir empâter leurs couleurs.

On sent enfin le besoin impérieux d'une *école de peinture en décors* établie à l'Opéra , au moyen de laquelle les élèves , dès leurs premières années , seraient familiarisés avec la magie de cet art savant , et les moyens aussi simples qu'ingénieux de la produire.

Bientôt l'Opéra serait enrichi de ces belles toiles de fonds , si multipliées sur les théâtres d'Italie , et à l'aspect desquelles le spectateur le plus familiarisé avec les illusions de la scène , reste transporté de surprise et d'admiration.

Nous ajouterons une dernière réflexion : c'est que l'on ne doit point confier indifféremment au même artiste le travail de toute sorte de décors.

Le paysage et l'architecture , par exemple , ne peuvent appartenir qu'à deux genres de talent. L'un , fidèle imitateur des jeux de la nature et de ses ingénieux produits , est obligé de la suivre dans son immense variété ; l'autre , soumis à des règles certaines, doit tout son mérite à la pureté de ses lignes , à la fidélité parfaite avec laquelle il se soumet aux principes de l'architecture ancienne et moderne , aux richesses attiques et romaines , à la sévérité des constructions des peuples du Nord , à la bizarrerie et à la hardiesse des formes gothiques apportées par les Maures , et répandues dans l'Espagne , l'Italie , l'Allemagne et la France.

MACHINES.

On ne peut contester un mérite réel et de grands talens à ceux qui dirigent les machines de l'Opéra ; cependant , on est forcé de convenir que le mécanisme des théâtres n'a fait aucune sorte de progrès depuis quarante ans.

Chaque représentation, comme chaque ouvrage nouveau, ramène les mêmes efforts , ou renouvelle les mêmes combinaisons.

Enlever , par le moyen de *treuils* ou *contre-poids* , des rideaux , des toiles de fonds, des fermes, des palais et des gloires ; ouvrir et refermer des *trappes* avec un fracas ridicule ; pousser ou retirer latéralement et à force de bras , des *portans de coulisses ;* donner à ces travaux de l'unité et de la prestesse , c'est tout ce qu'on a pu obtenir jusqu'ici de l'*industrie mécanique* des théâtres.

La célérité étonnante des changemens de décors est due exclusivement *aux ouvriers de l'Opéra*, chez lesquels s'est naturalisé un ensemble d'adresse , de zèle et d'intelligence , que l'on chercherait vainement sur quelqu'autre théâtre que ce soit.

Aussi, ce qui se fait en quelques secondes à l'Opéra , est souvent impraticable, ou demande huit à dix minutes , au moins , aux théâtres les mieux organisés de l'Allemagne et de l'Italie.

Il serait cependant possible de porter la partie mécanique de l'Opéra à un plus haut degré de perfection , et d'élever ainsi ses progrès au niveau de ceux des autres arts qui travaillent pour l'Opéra.

Pour former un habile machiniste, il faudrait trouver un jeune homme doué d'une aptitude particulière pour la mécanique , et préparé à cette science par l'étude préliminaire de la physique, de la géométrie , du dessin et de la perspective.

L'école

L'école polytechnique peut nous présenter plusieurs sujets dans ce genre.

Un concours serait ouvert. Outre les connaissances acquises dont nous avons parlé, le candidat admis devrait encore étudier le théâtre de l'Opéra pendant plusieurs années pour en connaître les localités, les difficultés, les ressources et les moyens d'exécution, ainsi que l'objet, la force et le degré de solidité des machines et de quelles modifications elles peuvent être susceptibles.

Un tel machiniste, enrichi de connaissances théoriques et pratiques, donnerait à ses travaux une extension considérable.

Il s'élancerait hors des limites que nul n'a franchies depuis quarante ans.

Il seconderait l'imagination de nos poètes dramatiques.

Il réaliserait les merveilles de la nature, et les illusions de la fable et de la féerie.

COSTUMES.

Nous avons déjà eu occasion de dire que beaucoup de personnes ont des opinions erronées sur cette partie de l'art théâtral.
Si on les suivait, il faudrait passer d'un excès dans un autre.

Frappées sans doute par la crainte que l'on ne retombe dans la barbarie et l'ignorance où les théâtres étaient à cet égard, il y a quarante ans, ces personnes ont exigé des dessinateurs de costumes, l'exactitude la plus scrupuleuse.

Chaque critique, mettant en avant son érudition plus ou moins étendue, est venu reprendre avec aigreur les moindres infidélités *faites volontairement* aux costumes des peuples anciens ou des nations éloignées.

Aucun d'eux n'a songé que les autorités qu'il invoquait, étaient elles-mêmes infidelles ; car le dessin, ayant comme les autres beaux-arts, ses effets et son prestige particulier, l'artiste dessinateur a commencé par leur sacrifier la rigoureuse vérité. Ensuite le compositeur des costumes, devant encore plus s'assujétir à l'effet théâtral, à la décence et sur-tout à ce

I

qui est possible dans l'exécution, a dû pour y parvenir, s'écarter encore davantage de la vérité.

Celui qui travaille pour la scène, doit avoir pour premier principe et pour règle invariable, de modifier la rigoureuse exactitude par le goût, la vérité par la vraisemblance, et le réel par les effets.

Cette rigoureuse obligation imposée par le sentiment des arts et par les spectateurs eux-mêmes, a renfermé la combinaison des costumes de théâtre dans des bornes trop étroites.

L'inventaire du magasin d'habillement de quelque théâtre que ce soit, offrirait la preuve que les différences apparentes des costumes se ramènent toutes à quatre ou cinq formes principales dont le dessinateur ne peut sortir, sans quoi il est nécessairement arrêté par la lourdeur, la nudité, le ridicule ou le manque d'effet, écueil le plus à craindre au théâtre.

Quoi qu'il en soit, nous pouvons dire avec vérité que l'Opéra a fait depuis quelques années d'étonnans progrès dans cette partie; que chaque ouvrage nouveau présente au public les créations les plus ingénieuses, auxquelles la mode doit ses variétés, le luxe ses nouvelles richesses, l'opulence sa somptuosité, et la beauté ses parures les plus aimables et les plus attrayantes.

Après avoir successivement parcouru les principales parties de l'art théâtral, démontré leurs côtés faibles ou avantageux, et indiqué les progrès et le perfectionnement dont chacune d'elles est susceptible, nous ajouterons qu'il est du devoir d'une administration éclairée, active et prévoyante, de mettre à profit la tendance naturelle qu'ont les arts vers une perfection toujours croissante, ainsi que l'émulation réciproque des artistes continuellement jaloux d'étonner le public par un effort prodigieux, ou par une idée inattendue, ou par une expression tout-à-fait nouvelle.

§. XIV.

Réunion proposée de l'Opéra italien à l'Opéra français.
Examen de ce projet.

Trois nations en Europe sont les seules qui puissent se considérer comme *puissances musicales* : *l'Italie*, *l'Allemagne* et
la France.

L'Italie et *l'Allemagne* se disputent entr'elles la prééminence,
quoique toute l'Europe ait déjà prononcé en faveur de l'*école*
italienne, en établissant un théâtre de cette nation dans toutes les
villes capitales.

La musique est, pour *la France*, une sorte de *plante exotique.*

C'est aux étrangers que nous sommes redevables des productions les plus parfaites.

Quel tribut de gratitude et d'admiration ne devons-nous pas
aux illustres compositeurs allemands, *Gluck*, *Mozart*, *Salieri*,
Vogel et *Winter* ?

L'immortel *Gluck* a sur-tout enrichi l'Opéra français de chef-
d'œuvres. *Armide*, *Alceste*, les deux *Iphigénies*, *Orphée* et *Euri-
dice* (1), font à-la-fois la gloire et la ressource principale de ce
théâtre.

Il laissa loin de lui tous ceux qui l'avaient précédé. Il présenta à
ses contemporains et à ses successeurs des modèles que ceux-ci
n'ont encore pu atteindre.

Piccini, *Sacchini*, et quelques autres compositeurs italiens,
ont ajouté des productions précieuses à ces premières et inestima-
bles richesses dramatiques. *OEdipe à Colonne* et *Didon* feront
long-tems verser des larmes, et seront toujours placés au rang
des chef-d'œuvres de la scène lyrique.

En dénombrant nos richesses musicales, nous nous garderons
bien d'oublier le fécond et spirituel *Grétry*, le mélodieux *Phi-
lidor*, le sensible *Monsigni* et l'ossianique *Lesueur.*

Quels éloges n'a point mérité sur-tout, et quelle admiration n'a
point obtenue *Paësiello*, non-seulement en Italie, mais encore

---

(1) Pourquoi ne pas exécuter l'*Echo et Narcisse* de *Gluck* ?

I 2

dans les diverses capitales de l'Europe où ses nombreux chef-d'œuvres sont exécutés, et produisent toujours le même enthousiasme? Verve, abondance d'idées, coloris aimable, sensibilité exquise, variété de tons, expression tour-à-tour comique, dramatique, héroïque et sentimentale : voilà ce qu'on trouve dans toutes les compositions musicales de *Paësiello*. On n'oubliera jamais l'auteur des opéra *del re Theodoro*, *della Molinara*, *della Grotta di Trophonio*, *della Pazza d'amore* ; et, dans un genre plus relevé, de *Pyrrus*, d'*Elfrida*, de *Caton*, de *Démophon*, etc. La postérité recueillera avec reconnaissance les cent quarante-huit opéras sortis de la plume intarissable du compositeur de *Proserpine* ; *Proserpine*, à qui les Français n'ont pas encore su rendre justice, mais qui leur commandera l'admiration, à mesure qu'ils deviendront plus sensibles aux véritables beautés de la musique.

Les musiciens français n'ont rien à mettre à côté des ouvrages de ces grands maîtres, si ce n'est les *Bardes* d'après le jugement même de *Paësiello* (1).

La reconnaissance nationale se partage donc entre les compoteurs allemands et italiens qui ont travaillé pour notre scène.

Cette reconnaissance n'engendra, pendant plusieurs années, que des querelles d'opinions et des factions musicales.

Les habitués de l'Opéra furent long-tems divisés en partis *Gluckistes*, *Piccinistes* et *Sacchinistes*.

Leurs orateurs employèrent plus d'injures et de sophismes, qu'ils ne firent preuve de sensibilité et de bon goût.

Maintenant l'esprit de dispute s'est éteint. L'on jouit paisiblement des chef-d'œuvres de ces sublimes auteurs.

La plupart de leurs successeurs ne nous ont encore donné que des espérances. Sans les anciennes richesses et sans les grands modèles dont je viens de parler, l'Opéra succomberait maintenant sous le poids de notre indigence nationale.

Après avoir rendu ce juste hommage aux compositeurs allemands et italiens, nous essayerions vainement d'apprécier avec

---

(1) Voyez la lettre de *Paësiello* à *Lesueur*, sur son opéra d'*Ossian* ou *les Bardes*.

justice *le mérite respectif d'exécution de ces trois puissances musicales.*

On n'a point d'opinion déterminée en France, sur l'exécution vocale des *Allemands.* Le Français, tout-à-fait étranger à leur langue, ne sait si elle est douce ou rude, favorable ou défavorable à la mélodie; il n'a, à cet égard, que des opinions sur parole, que des préjugés extrêmement vagues. Jamais, de mémoire d'homme, on n'a entendu à Paris *un chanteur allemand* exécuter, dans un concert public, un morceau de chant dans sa propre langue. Il est même à-peu-près certain qu'une semblable tentative n'aurait aucune espèce de succès.

Il suit de là qu'à Paris l'on a voué une grande admiration *aux compositeurs allemands* tels que *Mozart;* qu'on fait un grand cas de leurs symphonistes, et principalement de *Haydn ;* qu'on apprécie leur exécution sur-tout par les instrumens à vent, mais qu'on ignore tout-à-fait ce que valent *leurs chanteurs.*

Par cette même raison, le mérite de leurs opéra et celui de leurs acteurs sont ici universellement méconnus et inappréciés.

Il nous est infiniment plus facile de prononcer sur le talent des *Italiens ,* sur le charme de leurs ouvrages, ainsi que sur celui de leur exécution.

Depuis trente ans, plusieurs troupes *de bouffons* sont venues successivement s'établir à Paris.

Celle entr'autres qui s'y maintint depuis 1788 jusqu'en 1792 composée des plus habiles artistes de l'Italie, contribua beaucoup à prouver aux amateurs de la bonne musique, combien les chanteurs italiens sont supérieurs aux nôtres.

Ils nous parurent savoir parfaitement, par pratique et par théorie, ce que c'est que le *style* , et quelles sont les bases d'une bonne méthode.

Aussi, depuis que les *bouffons* sont à Paris, les personnes qui les fréquentent, conviennent que si elles ne trouvent à ce spectacle aucune jouissance relativement à la composition du drame , elles en sont bien dédommagées par l'exécution admirable d'une musique enchanteresse , par une composition toujours riche, variée et spirituelle, par des effets d'une harmonie simple et facile dont *notre musique française* nous offre peu d'exemples. Il n'y a plus de véritables *morceaux d'ensemble* que dans les opéra italiens; et à cette nation seule appartient la bonne et pure *méthode du chant.*

Quel que soit cependant le mérite *des ouvrages et des chanteurs italiens*, leur salle à Paris, n'attire pas un grand concours de spectateurs.

Les causes en sont sensibles :

1º. Leurs opéra, sous le rapport du poème, sont sans couleur, sans intérêt, et infiniment au-dessous des nôtres (1).

2º. Leurs acteurs, dont les études sont uniquement dirigées vers la musique, sont presque tous assez étrangers à l'entente et au jeu de la scène, quoiqu'on s'apperçoive cependant qu'ils se sont formés à ce jeu scénique, en fréquentant les autres théâtres de Paris.

3º. La langue italienne, très-peu familière aux Français, ajoute ici un désavantage de plus à l'imperfection de leurs pièces.

4º. Le Français, quoiqu'ami des beaux-arts, ne porte cependant *à la musique* qu'une médiocre affection. De grands effets de scène sont ici préférés à tout ce qu'une touchante mélodie peut exprimer de plus tendre et de plus aimable. L'accent des passions véhémentes produit sur les oreilles françaises, des effets plus sensibles que les douces expressions de l'amour, ou que les formes ingénieuses et caractéristiques de la scène comique. Ces *finale*, ces morceaux d'ensemble si recherchés par-tout ailleurs, et si dignes de l'être, n'obtiennent, à Paris, qu'une très-faible admiration.

Ne serait-il pas possible, en réunissant *l'Opéra italien à l'Opéra français*, de les mettre à portée de se communiquer leurs richesses réciproques ?

D'une part, on pourrait choisir quelques excellens poèmes français, abandonnés et presque oubliés dans les répertoires, les faire traduire et les remettre à des musiciens italiens.

---

(1) Il faut cependant excepter les poèmes faits par *Metastasio* et par *Casti.*

Nos écrivains dramatiques pourraient également arranger de bons canevas, dont les compositeurs italiens feraient la poésie et la musique; la valeur de l'une et de l'autre serait en quelque sorte doublée, en la déployant sur des opéra remplis d'effets et de situations intéressantes. Le mérite du poème tiendrait les spectateurs plus attentifs au charme de la musique. Les jouissances seraient alors complètes; et l'ennui ou l'inattention, ces deux fléaux des théâtres, n'oseraient plus se montrer là où le cœur, l'esprit et les sens seraient vivement occupés.

D'un autre côté, les chanteurs français entraînés par le charme de l'exécution italienne, parviendraient à adoucir la violence de leurs accens dramatiques, et à remplacer par une mélodie touchante, leur exécution exagérée. Le spectateur lui-même y gagnerait, en acquérant une sensibilité d'organes qui doublerait ses jouissances.

Mais ces résultats ne peuvent avoir lieu, tant que subsisteront les obstacles qui s'opposent à cette réunion. Dans l'état où sont les choses, elle ne peut se réaliser, que très-difficilement.

Le théâtre de l'Opéra, quoique ne donnant que trois représentations par semaine, est continuellement occupé.

Le placement et déplacement des décors, les répétitions des ouvrages de répertoire et des ouvrages à l'étude, les travaux de la danse et du chant ne le laissent point libre un seul jour, ni le matin, ni le soir.

Autrefois le même spectacle était maintenu, la même pièce était jouée trois ou quatre mois de suite; maintenant on le change tous les jours.

Autrefois le service, tout facile qu'il était, se trouvait encore secouru par *le théâtre du magasin, rue St.-Nicaise.* Depuis dix-huit ans, cet établissement subsidiaire n'existe plus. Il faut donc que tous les travaux préparatoires d'étude et d'exécution se fassent sur le même terrain.

Aujourd'hui les ouvrages nouveaux dépensent le double du tems nécessaire pour les monter, à raison de la non-existence d'un théâtre auxiliaire. Le chant et la danse viennent successivement occuper le seul local qui existe; tandis que chacune de ces parties du spectacle aurait eu ses moyens particuliers d'étude et de répétition, si l'ancien ordre de choses s'était maintenu.

Il ne resterait donc *aux acteurs italiens* ni intervalle pour leurs répétitions, ni soirées pour leurs représentations.

Réunis à l'Opéra français, ils seraient condamnés au silence et à l'inaction, faute de terrain et de tems.

Le plan, que nous proposons au Gouvernement, *d'une salle d'opéra* à construire *au Palais-Royal*, ferait disparaître ces divers obstacles. (*Voyez ci-après le dernier paragraphe.*)

La salle actuelle du théâtre Français en deviendrait une dépendance; elle serait constituée *salle de répétition,* ou *petite salle de l'Opéra* (1).

Par ce moyen, le service des machines, celui des répétitions et des études, celui des représentations, pour les divers genres réunis, n'éprouveraient plus la moindre entrave.

C'est alors que le directeur de l'Opéra, disposant avec intelligence les diverses parties du spectacle qui composeraient l'ensemble de l'Opéra, en obtiendrait des représentations d'un effet toujours nouveau et toujours attrayant. Les grands opéras, les ouvrages de genre, la danse, les ballets d'action, *l'opéra seria*, se succéderaient et se soutiendraient mutuellement.

Tel spectateur attiré par un ballet, serait agréablement surpris de voir ses plaisirs doublés par le prestige d'une musique admirable; tel autre, n'attachant de prix qu'à cette même musique, verrait prolonger ses jouissances par les tableaux les plus ravissans de la chorégraphie française.

Cette réunion amènerait nécessairement une révolution dans le système de composition et d'exécution de nos opéra. Il deviendrait impossible, non-seulement aux spectateurs, mais même à nos chanteurs, de ne pas reconnaître à quelle distance les préjugés, l'habitude, et une fausse et vieille doctrine, ont placé *le temple de la musique française* loin des effets et du charme de la véritable musique.

Nous pourrions dès lors atteindre un but long-tems et vainement desiré; ce serait la réunion des poèmes bien composés, de partitions bien écrites, et d'exécutans perfectionnés par les modèles que l'Opéra français aurait réunis dans son propre sein.

L'Opéra italien remplacerait, avec un avantage incalculable, *l'inutile et dispendieux Conservatoire.* Les sommes considérables que cet établissement coûte chaque année, seraient appliquées à l'entretien des troupes *d'opéra seria* qu'on ferait

---

(1) En attendant que ce grand projet s'exécute au Palais-Royal, on pourrait essayer la réunion si intéressante de l'Opéra français et de l'Opéra italien, en faisant du théâtre Feydeau la petite salle succursale, et l'on pourrait en obtenir, à cause de la proximité, les plus utiles résultats, soit pour les progrès des arts, soit pour l'amélioration des finances du théâtre de l'Opéra.

venir

venir d'Italie ; et qui seraient successivement remplacées les unes par les autres, de manière à nous faire passer en revue les virtuoses les plus célèbres de cette contrée.

§. X V.

Nécessité de maintenir l'Opéra sous la surveillance immé-diate du Gouvernement.

L'Opéra doit être considéré sous deux rapports :
1°. Comme centre des beaux-arts.
2°. Comme *moyen d'accroissement d'industrie et de commerce.*

La poésie, la musique, la peinture, la chorégraphie, l'architecture et la mécanique, marchent ensemble à l'Opéra.

C'est à leur alliance que nous devons tout le charme de ce spectacle.

L'Opéra, s'il nous est permis d'emprunter le langage allégorique, est un temple que soutiennent à l'envi ces aimables divinités.

Trop long-tems les produits des arts libéraux n'ont valu à leurs créateurs qu'une indigente célébrité ; maintenant ce n'est plus à de vains éloges, à une gloire frivole et passagère que se borne la récompense de l'homme à talens, consacré à l'Opéra. Ses travaux, ses succès lui assurent une honnête aisance, une considération réelle, une retraite honorable et tranquille.

Si chaque jour voit s'accroître la gloire de nos artistes, et multiplier en France les chef-d'œuvres de tous genres ; si nous parvenons à naturaliser ici les productions du génie qu'on allait autrefois admirer au loin, n'est-ce pas sur le théâtre de l'Opéra que se présentent les premiers modèles, les variétés les plus aimables, les combinaisons les plus ingénieuses ?

Les expositions publiques des travaux intéressans de nos premiers artistes, n'offrent aux amateurs qu'un spectacle froid et

K.

inanimé. Mais à l'Opéra, l'action théâtrale donne une vie particulière et presque miraculeuse aux chef-d'œuvres de la musique, de la peinture et de tous les arts qui les accompagnent.

Ce n'est pas l'image d'*Athènes*, froidement exprimée sur une toile, que le spectateur admire dans *OEdipe;* c'est *Athènes* elle-même; ce sont ses temples, ses palais, ses places, son roi, son peuple, ses mœurs, ses fêtes et ses plaisirs.

L'architecte a rebâti ses édifices; le peintre a retracé ses paysages, le poète a renouvellé son langage, et le musicien ses accens : la chorégraphie a rendu aux jeunes Athéniens leur grace et leur légéreté; le mécanicien a fait succéder à nos regards étonnés les divers aspects du climat où l'illusion de la scène nous avait transportés comme par enchantement.

Une journée de cette cité célèbre se reproduit entière sous les yeux d'un public émerveillé. Cette journée est un vol fait, en quelque sorte, à l'action dévorante du tems. Débarrassée, par l'effet du génie, du fardeau de trente siècles, elle reparaît sous nos yeux avec tous les attributs de la vie et de la vérité.

Quel coup mortel ne porterait-on pas aux beaux-arts, si une économie mal entendue, une négligence coupable de ces grands et sublimes effets, eussent condamné l'Opéra à un déplorable abandon ?

Une aussi grande perte aurait été à redouter sous le règne d'un vandale, aux époques calamiteuses d'une barbare anarchie. Mais combien nous avons droit de repousser aujourd'hui une crainte semblable sous le règne du génie réparateur qui imprime à tout le mouvement et la vie par sa puissante influence, et qui semble appellé, comme *les Médicis*, *les Farnese*, à donner aux arts le plus brillant essor, autant qu'à rasseoir et affermir la France sur ses antiques fondemens !

Son attention s'est fixée un instant sur l'Opéra; aussi-tôt ce théâtre a repris sa première existence et s'est élancé, de la manière la plus brillante, vers sa régénération et vers de plus grands progrès.

Un seul moment a suffi pour le convaincre qu'un secours annuel de 6 à 700,000 fr. , accordé à ce théâtre , valait à la capitale de l'empire une circulation de plus de 20 millions par année.

En effet , l'Opéra fait croître et fleurir les rameaux les plus productifs de l'industrie nationale.

Il étend les idées ; il régularise les créations ; il dirige le goût de nos artistes dans toutes les parties.

Que de professions , que d'établissemens libéraux et mécaniques ne doivent leur prospérité qu'à l'existence de ce grand théâtre !

On peut garantir que l'exportation des marchandises de la capitale n'est entretenue que par le souvenir des tableaux et des jouissances dont les étrangers sont redevables à l'Opéra.

Nos modes , cette branche si futile et si productive à-la-fois , empruntent de son éclat leur variété , leur charme , leur fructueuse et continuelle mobilité.

Il attire et fixe à Paris un nombre prodigieux et sans cesse renaissant d'étrangers.

Les grands principes d'administration prescrivent donc la conservation de l'Opéra dans les mains du Gouvernement.

Aucune vue d'intérêt particulier , aucune spéculation individuelle ne doivent en compromettre la splendeur.

Plusieurs particuliers , et même *des compagnies ,* ont demandé à se charger de l'Opéra *par entreprise.*

Leurs propositions ont été constamment repoussées par la certitude acquise que ces entrepreneurs , moins empressés de s'occuper de la gloire nationale que de leurs intérêts privés , et se livrant à des vues étroites de spéculation pécuniaire , commenceraient par l'avilir , et finiraient par le ruiner.

Des plans trop dispendieux , comme des mesures trop parcimonieuses , lui seraient également funestes.

Il est un terme moyen à tout.

Autant l'Opéra doit être magnifique et somptueux dans son

apparence, autant il doit régner d'ordre et d'économie dans
son intérieur.

Sa splendeur n'est que dans son aspect ; sa richesse n'est
qu'illusion, sa grandeur qu'une adroite imposture.

Simplicité économique dans les moyens, prestige imposant
dans les effets : tel est le double but que doit se proposer l'administration de l'Opéra.

§. XVI.

Nécessité de soumettre tous les théâtres de l'Empire, à une seule autorité.

Les théâtres sont les seuls points de réunion dans les principales villes de France. Le plaisir y rassemble les individus de
tout sexe, de tout âge, de tout rang. Les jeux de la scène
amusent l'imagination, le cœur et les sens. Les tableaux qu'on
y présente, les sentimens qu'on y exprime, les maximes qu'on
y professe, influent particulièrement sur l'éducation de la
jeunesse, et sur les opinions de tous les citoyens.

Le théâtre présente, outre des modèles de goût, des leçons
de courage, de grandeur et de générosité. C'est là qu'au nom
de l'opinion publique, les témoignages d'affection, de respect
et de reconnaissance sont offerts au Chef de l'État, aux héros,
aux grands hommes, aux grands talens. Les incidens politiques,
les évènemens de toute nature reçoivent une sorte de sanction
dans ces grandes assemblées. Ce ne sont pas seulement les pièces
représentées et les acteurs que l'on y juge, la société entière
y distribue et y reçoit les jugemens portés par elle-même sur
toutes les scènes de la vie sociale.

Les peuples anciens, et particulièrement les Grecs, avaient
parfaitement reconnu l'influence des théâtres sur l'opinion. Ils
y célébraient les actions de leurs grands hommes, et leur dé-
cernaient une sorte d'apothéose. C'était là que se décidaient

la guerre et la paix , et que se préparaient ce dévouement , ces associations sacrées , ces actes héroïques qui ont tant illustré cette nation.

Les habiles politiques se sont emparés , à des époques diverses, de ce moyen d'exaltation et d'enthousiasme , soit pour propager des opinions, soit pour préparer à de grands sacrifices.

Aujourd'hui que les spectacles suppléent en quelque sorte à une partie des moyens d'éducation , (qui ailleurs a été forcément négligée pendant plusieurs années) c'est là que nos jeunes gens émus par les tableaux que nos poètes tragiques ont empruntés de la fable et de l'histoire , se pénétrent de la nécessité de l'étude qu'ils avaient négligée , et cherchent à s'identifier , comme on le faisait autrefois en sortant des colléges, avec les faits et les fictions que nous ont transmis les écrivains de l'ancienne Grèce et de l'ancienne Italie.

L'on peut donc considérer les théâtres comme une sorte d'académie, où la jeunesse vient , en quelque sorte , achever son instruction , et classer avec ordre et avec goût , les connaissances qu'elle avait acquises dans le cours de ses premières études.

Si donc le Gouvernement qui a reconnu combien il était essentiel de s'emparer des idées primitives des hommes , pour les diriger vers l'utilité générale , et pour qu'un jour cette utilité générale s'élevât dans leur ame au dessus de l'intérêt et de l'isolement individuel , a pensé devoir modifier les élémens et les moyens d'éducation , de manière à atteindre ce but , il nous semble que c'est assurer ses succès , que d'y faire contribuer les théâtres , soit par les tableaux qu'on présenterait, soit par les sentimens et la doctrine qui y seraient professés.

L'un de nos grands publicistes, J.-J. Rousseau , observait, en 1750 , « Qu'il ne pouvait concevoir comment le Gouvernement monarchique de la France , souffrait que les éducations fussent toutes républicaines , et que l'on n'entretînt la jeunesse française que des vertus de *Rome* et de *Sparte ,* lorsqu'au contraire l'état politique des choses commandait que l'on accoutumât les esprits à l'obéissance et à la résignation ».

L'expérience nous a bien convaincus de la gravité de cette faute. Aussi les institutions actuelles sont maintenant toutes dirigées vers le sentiment de l'honneur national. Les prytannées, les écoles publiques, toutes les maisons d'éducation s'occupent à faire de leurs élèves de braves et généreux citoyens. L'affection au Gouvernement est la première vertu qui soit professée et gravée dans les cœurs; elle est devenue le principe et la garantie de toutes les autres.

Pourquoi n'entrerait-il pas dans les combinaisons de la politique actuelle et de la police générale de l'empire, de faire compléter ces premières impressions par les théâtres ? Ne serait-il pas avantageux de produire sur l'universalité des Français, une sorte d'ensemble d'opinion et de sentiment en harmonie avec l'intérêt public ? Ne s'ensuivrait-il pas des relations plus affectueuses et mieux senties entre le Gouvernement et les gouvernés ? Ne serait-ce pas un moyen sûr de maintenir et même d'accroître l'habitude de dévouement et de fidélité du peuple français envers ses chefs ? Ne parviendrait-on pas à effacer ainsi jusqu'aux traces des anciennes factions, et à faire cesser les divergences qui nous ont trop long-tems fatigué ?

Ces avantages inappréciables seraient produits et recueillis sans secousses, sans mouvemens apparens, sans impression sensible et extérieure, en soumettant tous les théâtres de l'empire à une impulsion unique, à des maximes convenues, à une marche corrélative.

Une autorité seule pourrait créer, diriger et centraliser ces résultats si avantageux. La censure des ouvrages nouveaux, et la révision des anciens lui seraient soumises et réunies. Il suspendrait les pièces dont quelques circonstances locales ou momentanées pourraient rendre l'exécution ou les applications tumultueuses ou funestes.

Cette même autorité élevée plus particulièrement sur les

établissemens dramatiques de Paris, où sont présentés tous les les ouvrages nouveaux, constituerait une sorte de répertoire général des théâtres, combiné de manière que les uns ne pussent porter atteinte aux produits et aux moyens de succès des autres. Chacun d'eux aurait ses grands jours particuliers pour les ou- vrages de choix et d'attrait. On ne souffrirait plus, ce qui arrive trop fréquemment aujourd'hui, que l'affluence destinée tel jour à tel théâtre, fût détournée *par un spectacle forcé* que don- nerait dans la même soirée un autre théâtre jaloux ou rival.

Les scènes subalternes, les spectacles de boulevard, seraient renfermés dans des limites tellement précises, soit quant au nombre, soit quant aux jours respectifs, qu'aucun d'eux ne pourrait s'élever au-delà des tolérances convenues, ni porter atteinte aux mœurs par la licence ou la grossiéreté de leurs pièces.

Il serait dressé, dans les bureaux de cette autorité première, des états de toutes les troupes d'acteurs établies dans chaque ville de l'empire, avec des notes sur le mérite de chaque artiste, sur sa nature de talent, sur les espérances qu'il donne, sur l'espèce d'avancement dont il est susceptible.

Cet état, renouvellé tous les ans ou même tous les six mois, offrirait le moyen de recruter les théâtres de la capitale, qui, faute de cette correspondance nécessaire, sont réduits à ne présenter au public que *des élèves de chambre,* lesquels n'ont pas même songé à vaincre les difficultés attachées à l'appren- tissage de la scène, et dont toutes les facultés consistent dans une suite d'intonations bien ou mal communiquées, toujours mal copiées, et dont l'imperfection est, en quelque sorte, doublée par l'ignorance absolue de la *topographie théâtrale.*

Cette correspondance offrirait en même tems la facilité de chercher, dans quelque point de l'empire que ce fût, de jeunes gens à qui la nature a fait le rare présent d'une belle voix. Ces découvertes, aujourd'hui, sont très-difficiles, non-seule- ment à cause de leur rareté, mais par la cessation absolue de cette même correspondance que nous desirons faire revivre.

Enfin, de ce centre de pouvoir et d'administration particulière étendue sur toutes les parties de l'empire, sortirait une foule d'avantages que recueilleraient en même tems le Gouvernement, la morale, le bon goût, et particulièrement l'art dramatique et l'art musical dans leurs diverses parties.

Cette administration centrale n'occasionnerait aucune dépense extraordinaire au Gouvernement. Ses frais indispensables seraient acquittés par une légère rétribution annuelle et proportionnelle, à laquelle seraient assujétis, à cet effet, tous les théâtres de la France.

Nous venons d'indiquer tout ce qui nous a paru de plus pressant à faire pour la restauration et l'aggrandissement d'un spectacle unique en Europe , connu sous le nom d'Opéra , d'après les mêmes bases sur lesquelles il repose aujourd'hui. Mais dans un vaste empire où tout se ravive et s'aggrandit sous le coup-d'œil vaste et énergique d'un grand homme , où toutes les richesses de l'état régénéré brillent d'un nouvel éclat ; où tout prend une attitude plus digne , plus auguste et plus imposante , il faut que l'Académie Impériale de Musique réponde à l'élan sublime donné à la nation ; qu'elle s'élève à la hauteur de la gloire de nos guerriers , au niveau des monumens conquis par la victoire , et de cet étonnant *Museum ,* dont les siècles semblaient conserver les chef-d'œuvres pour en orner le triomphe *du digne successeur de Charlemagne.* Ouvrons aux arts des routes nouvelles , et rendons , pour ainsi dire , la postérité jalouse des plans conçus et exécutés sous la dynastie glorieuse, que la nation vient d'élever.

Tel est le but de nos efforts et du projet dont nous allons tracer l'esquisse dans le paragraphe suivant.

PROJET DE SALLE

POUR

L'ACADÉMIE IMPÉRIALE DE MUSIQUE.

Si jamais il y eut une époque où l'on dut espérer de faire parvenir l'Opéra au degré de perfection dont il est susceptible , c'est celle où un génie réparateur donne un si grand encouragement aux sciences , aux arts et à tout ce qui peut accroître la gloire et la prospérité nationale.

Des monumens en tout genre attestent l'éclat des siècles de Périclès , d'Alexandre , d'Auguste ; la Grèce et l'Italie en con-

L

servent les étonnantes ruines. La France, chez qui les prodiges de ces derniers tems sembleront peut-être fabuleux aux générations qui vont nous suivre, n'a-t-elle pas aussi le droit de transmettre à la postérité de glorieux souvenirs ? N'est-il pas digne de NAPOLÉON Ier. de mettre la dernière main à un établissement qui a mérité l'admiration de l'Europe.

Jusqu'ici, des changemens trop fréquens dans l'administration de l'Opéra n'ont permis de se livrer qu'à des vues théoriques, qu'à des mesures momentanées ou à des plans médiocres.

Aujourd'hui, nous pensons devoir répondre à la confiance, dont nous a honoré le Gouvernement, en lui faisant hommage des méditations, que cinq années d'expérience nous ont mis à portée de mûrir.

1°. La salle actuelle de l'Opéra est insuffisante et mal située ;
2°. En quel lieu conviendrait-il de la placer ?
3°. Quels avantages en résulteraient ?

Nous allons rapidement examiner ces trois questions.

1°. L'établissement d'un Opéra ne consiste pas seulement dans le théâtre et la salle des spectateurs ; il exige une foule d'accessoires, et sur-tout une salle auxiliaire et de répétition (1), des

_____

(1) J'ai indiqué, dans une note précédente, le théâtre Feydeau, comme pouvant servir *de salle de répétition*, ou auxiliaire, attendu sa proximité de la salle de l'*Académie impériale de musique*.

Une salle de répétition est indispensable pour les travaux de cette Académie, pour y préparer et accélérer l'établissement des ouvrages ou opéras nouveaux.

Si l'Opéra avait une salle de répétition, il faudrait la moitié moins de tems et de travaux pour monter un ouvrage ; par ce moyen auxiliaire, *le chant* serait répété sur un théâtre, *et la danse* serait répétée sur un autre.

On y ferait exercer les jeunes élèves pour les former à la scène, comme cela se pratiquait il y a seize ans ; et l'on ne serait pas exposé au grand et indispensable inconvénient de faire toujours des essais infructueux, et d'annoncer des débuts qui, au lieu d'attirer le public, l'éloignent et le dégoûtent.

Avec le secours d'une salle de répétition, le jour des débuts des acteurs serait plus assuré, et il y aurait un plus grand nombre d'opéra nouveaux établis dans le cours d'une année.

foyers particuliers, des salles affectées à chaque genre de service, au chant, à la danse et à l'orchestre; des loges pour les
artistes, des emplacemens pour recevoir les comparses, et les
enfans; des bureaux, des ateliers, des dépôts pour les décorations et ustensiles de la scène, de vastes magasins pour les costumes; des foyers pour les diverses classes de spectateurs, où,
pendant les entr'actes, ils puissent changer d'air et se délasser
par la promenade et la conversation; de nombreux escaliers, de
vastes corridors, qui permettent une circulation libre et facile;
des péristiles, des portiques, qui facilitent et multiplient les
issues du spectacle, qui assurent aux piétons les moyens de sortir
commodément et sans danger, aux voitures un abord tellement
facile sur divers points, que l'on ne soit point entassé
pêle-mêle en un seul endroit; contraint d'y attendre le
tour de sa voiture pendant des heures entières; exposé,
non sans les plus graves inconvéniens, sur-tout pour les
femmes, aux funestes intempéries et aux variations dangereuses de l'atmosphère.

L'Opéra exige une disposition telle qu'il puisse être suffisam-
ment éclairé, sans que les yeux soient fatigués par une mauvaise
distribution de lumière.

Il doit être assaini et garanti du méphitisme produit par la
respiration d'un grand nombre de personnes, par les émana-
tions diverses, par les odeurs et par la combustion du luminaire.
Ce méphitisme, outre son insalubrité, prive l'air de l'élasticité
nécessaire à la transmission des sons.

Il faut aussi que l'architecte ait tellement ménagé ses plans
de réflexion, et respecté les règles de l'acoustique, que, comme
dans les théâtres des anciens et ceux que l'Italie possède encore,
quelqu'immense que soit leur étendue, on n'y perde pas même
une syllabe ni une note de musique, en quelque lieu que l'on
soit placé.

Le système de construction d'un tel édifice doit, sur-tout, le
mettre à l'abri du feu.

Le théâtre actuel de l'Opéra ayant été élevé pour un genre mixte, et, par suite d'une spéculation particulière, se ressent des vues étroites et spéculatives qui ont présidé à sa construction.

Les accessoires y ont été faits après coup; les uns sont insuffisans ou mal situés; les autres manquent absolument.

Il faut aller chercher fort loin et à grands frais, à chaque représentation, les décorations, qui toujours sont endommagées par le transport, et souvent par le mauvais tems. Leur fraîcheur peut à peine se soutenir pour les premières représentations.

L'espace que laissent les coulisses ne peut suffire au mouvement des décorations, des machinistes et des nombreux artistes qui les occupent; de là des accidens inévitables, de fréquens retards, la longueur des entr'actes et l'impossibilité d'exécuter certains ouvrages ou de produire de grands effets.

Souvent on est suffoqué dans cette salle. On y voit peu, on y entend moins encore. Les acteurs s'épuisent en vains efforts, et le spectateur se retire accablé de chaleur, de lassitude et d'ennui. Que de motifs d'utiliser autrement ce local, si l'on pense d'ailleurs que le malheur d'un incendie menace de dévorer le plus précieux dépôt des connaissances humaines, tant que la Bibliothèque impériale restera à la proximité de l'Opéra, malgré les précautions les plus extraordinaires et la vigilance la mieux soutenue (1).

Il sera facile, lors de la construction d'une nouvelle salle, d'éviter les inconvéniens que le tems a fait découvrir, et de rendre à l'Opéra tous les avantages dont il a été privé dans les asyles provisoires qu'il a successivement parcourus depuis 1781.

---

(1) L'Opéra n'a rien à craindre du feu dans le cours des représentations. Pendant ce tems, la surveillance est active, parfaite et générale; c'est dans la nuit qu'il s'est manifesté presque toujours. Dans le cours de l'an 9, le feu prit à ce spectacle neuf fois; logé alors dans les bâtimens du théâtre, je l'ai, moi seul, éteint trois fois, notamment le 28 nivose, vers le milieu de la nuit, (on avait joué Orphée le soir) j'arrivais sur le théâtre à l'instant où un rideau était atteint d'une flamme, qui déjà en avait dévoré une étendue de trois à

L'étude approfondie à laquelle nous nous sommes livrés depuis long - tems des divers moyens d'améliorer les salles de spectacle , et particulièrement de ceux propres à les garantir du feu , à les rendre plus solides , plus sonores et beaucoup mieux éclairées , nous a mis à même d'offrir au Gouvernement , lorsqu'il en sera tems, des idées neuves , et dont l'effet est aussi certain que les moyens sont simples et peu dispendieux.

Tout commande donc la construction d'une nouvelle salle d'Opéra.

Si, un jour, parmi les édifices publics dont dispose le Gouvernement , il en destinait un plus convenable au Tribunat , il n'est aucun emplacement , qui réunisse mieux tous les avantages desirables pour la construction d'une salle d'Opéra, que celui occupé maintenant par le Tribunat et qu'alors il abandonnerait. Le Palais - Royal fut le berceau de l'*Opéra*. Il y resta jusqu'en 1781. C'est , pour ainsi dire , la terre natale de ce spectacle.

En effet , quel terrain répond mieux au projet que nous proposons ? c'est au Palais-Royal que vient à chaque instant se réunir et se confondre la grande famille de tous les peuples de l'Europe.

Quelle activité prodigieuse dans le commerce et l'industrie de tout ce qui l'avoisine ! Là , roulent et circulent tous les produits industriels et commerciaux. L'oisiveté , l'opulence et la frivolité curieuse y cherchent sans cesse un nouvel aliment à leurs besoins et à leurs desirs.

Les masses premières sont posées , les bâtimens principaux existent , l'attrait du local est certain. La salle seule est à construire.

---

quatre pieds. Je m'élançai à travers mille dangers sur un pont volant , qui consistait en une planche chancelante et très-étroite , que portent de simples cordes à cinquante pieds d'élévation. Muni d'une grosse éponge mouillée , j'eus le bonheur d'arriver à tems pour éteindre le feu , et prévenir un effroyable incendie. Depuis cet évènement , j'ai fait ajouter au pompier de service et à la garde sedentaire habituelle, *cinq ouvriers du théâtre , qui y passent régulièrement toute la nuit, les jours d'Opéra.*

Ainsi l'Opéra , placé beaucoup plus au centre des relations commerciales et industrielles , contribuerait à les activer , en même tems qu'il serait plus fréquenté.

L'espace actuellement occupé par les barraques de bois qu'on va démolir, tenant au Palais-Royal , depuis la rue des Bons-Enfans jusqu'à celle de la Loi , est plus que suffisant pour élever une salle d'Opéra digne du premier théâtre de l'Europe.

Les bâtimens actuellement occupés par le Tribunat , la salle des Français et le jardin deviendraient une dépendance du monument que nous proposons d'élever aux arts perfectionnés du dix-neuvième siècle.

Les bâtimens existans et qui seraient liés à la salle de spectacle par des constructions latérales , formeraient des galeries immenses.

L'Opéra et les galeries s'alimenteraient mutuellement , et feraient l'un pour l'autre un centre continuel d'attraction et de renouvellement.

Ces galeries seraient décorées de la manière la plus somptueuse, en statues , tableaux et meubles élégans. On y placerait les chef-d'œuvres des arts , et chaque saison y verrait éclore son luxe et ses richesses.

Parfaitement chauffées et éclairées en hiver ; rafraîchies et ornées de fleurs et de verdure en été , elles offriraient un attrait d'autant plus grand, qu'il serait plus varié.

Ce local donnerait les moyens *d'exécuter des concerts* (1) dans de grandes ou moyennes salles , suivant leur nature, depuis les grandes compositions musicales jusqu'aux pièces les plus légères.

Les bals parés ou masqués de l'Opéra se donneraient , dans quelque saison que ce fût, tantôt dans la grande salle de spec-

---

(1) Les étrangers ont observé, avec étonnement, que Paris, qui a dix mille musiciens dans sa population, n'a pas cependant une seule belle *salle de concert*, tandis que Montpellier et Bordeaux jouissent de cet avantage.

tacle, tantôt dans les galeries, ou dans l'une et l'autre réunies, suivant le concours du public.

Des salons, qui auraient leurs décorations particulières, seraient affectés au corps diplomatique, aux grands fonctionnaires publics, aux militaires, aux diverses corporations, aux savans, et aux étrangers.

Après s'être entretenu de relations particulières, chacun se répandrait, pour ainsi dire, dans un cercle plus étendu et commun à tous les sociétaires.

Un abonnement annuel y procurerait à chaque individu l'accès le plus libre, tous les jours de l'année et à toutes les heures indiquées.

La présence des femmes y consacrerait la décence, le bon ton, la politesse, et cette habitude de déférence et d'égards qu'elles commandent, qui se naturalise difficilement dans les réunions d'hommes, et qui cependant, fait le charme de la société et atteste les progrès de la civilisation.

Ainsi le rang, l'opulence, le goût, les arts et la beauté, enfin, tous les genres de séduction formeraient la réunion la plus aimable, la plus nombreuse et la plus variée.

La mode, sorte d'impôt que l'esprit et le goût français font payer à l'Europe entière, y prendrait un nouvel essor, propagerait son empire, et rendrait l'étranger doublement tributaire de ses caprices.

Enfin, ce lieu deviendrait, en quelque sorte, l'école du goût, le temple de la décence et le salon de l'Europe.

Que seraient, en comparaison de ces agréables et importantes asssemblées, les petites *soirées* de *Tivoli*, de *Frascati*, du *Rennelagh*, et autres d'un genre aussi mesquin !

A tous ces avantages, dont le succès est incalculable, d'après ce bel ensemble de moyens, pourrait encore se réunir facilement la jouissance du Palais-Royal pendant trois mois de l'été, et seulement à certaines heures de la soirée.

On se rappele les anciennes et brillantes soirées du Palais-Royal qui réunissaient , dans les belles nuits d'été , ce que Paris rassemblait de plus grand et de plus aimable.

Nous proposons de les renouveler en leur imprimant un caractère de magnificence , de solemnité et de décence propre à entretenir l'esprit public et à exciter l'enthousiasme national.

Ces fêtes , dont les dispositions préalables ne porteraient aucun préjudice aux jouissances du public et à ses promenades habituelles dans le jardin , consisteraient en gymnastiques , exercices nautiques , courses à pied et à cheval , pantomimes , concerts , bals , illuminations et feux d'artifice d'une exécution extraordinaire.

En imitation des *jeux olympiques* et des spectacles de l'ancienne Rome , on produirait aux regards du public , l'image de villes , de citadelles assiégées , des incendies , des combats , des assauts , des marches triomphales.

Ces spectacles serviraient à retracer les hauts faits des armées françaises dont l'Europe vient d'être témoin ; ils rappelleraient de nobles souvenirs aux vieillards ; ils enflammeraient le courage de cette portion de la jeunesse , qui va bientôt s'élancer dans la carrière de la gloire. Ils acquitteraient le tribut d'honneur dont la France est redevable à ses guerriers , consacreraient la gloire de nos grands capitaines , et formeraient la vivante histoire de leurs succès.

Une telle institution ouvrirait aux arts une carrière nouvelle, grande , nationale et politique ; bientôt nous les verrions tous concourir à l'embellissement de ces fêtes , et mettre le génie de nos artistes à même de s'élever aux plus hautes conceptions.

Ainsi les bâtimens de l'ancien Palais-Royal , le théâtre actuel des Français servant alors de théâtre de répétition (1) , le jardin et

_____

(1) Les célèbres Artistes de ce théâtre seraient ainsi très-avantageusement placés dans la salle de l'Opéra.

la

la salle que nous proposons de construire se trouveraient réunis, et ne formeraient, par l'ensemble de leurs dispositions, qu'un seul et même établissement.

Ce monument élevé aux arts, serait unique dans son genre, par sa localité, par sa grandeur, par *l'immensité des bâtimens accessoires existans*, par la beauté, l'harmonie et les avantages de tout genre qu'offrirait la salle à élever, et sur-tout par le concours prodigieux des personnes qui le fréquenteraient, attirées chaque jour par des fêtes nouvelles et magnifiques.

Alors, les grands ouvrages dramatiques, repoussés jusqu'ici par l'impuissance des moyens d'exécution, seraient accueillis avec transport. Soutenus par des décors, par des machines plus savantes, par des changemens plus rapides et des effets mieux entendus de l'acoustque, ils étaleraient une richesse et une variété jusqu'à présent inconnues.

La pantomime portée à son dernier période, reprenant son ancienne place au milieu de tous les arts, réaliserait de nouveau ses merveilles. Les richesses de la poésie et les charmes de la musique se marieraient à l'envi à tous les prodiges de la fable et de l'histoire.

Quelle impulsion ne donnerait point aux poëtes, aux musiciens, aux gens de lettres, aux artistes de toutes les contrées un établissement où chacun d'eux desirerait venir publier ou augmenter sa renommée, où l'on pourrait faire exécuter toute espèce d'ouvrages lyriques et chorégraphiques, les féeries italiennes, les pantomimes du plus grand genre? N'est-ce point alors qu'il serait vrai de dire que l'Opéra et sa galerie deviendraient un centre général auquel l'homme de talent et l'étranger apporteraient chaque jour, l'un le tribut de ses travaux et de son génie, l'autre celui de sa curiosité et de son admiration.

Le Palais-Royal, cessant d'être le repaire de la débauche, et, délivré du hideux aspect des prostituées, rappellerait le portique

M

d'Athènes , et deviendrait comme lui le rendez-vous des sages ,
des lettrés et des hommes aimables.

Qu'on ne s'effraye point de la dépense que semble commander
la proposition d'un aussi grand établissement.

Tout est fait : les accessoires existent , les galeries sont prêtes;
la salle de l'Opéra est la seule chose à construire.

Cette construction n'exige même aucune concession actuelle
de fonds de la part du Gouvernement.

Les propriétaires des bâtimens environnans le Palais-Royal
ne demandent pas mieux que d'y contribuer , probablement
même d'en faire seuls les frais.

Des actionnaires se présentent de toutes parts avec des capitaux plus que suffisans.

Les avantages du plan que nous proposons s'appliquent encore,
d'une manière plus immédiate, à l'Opéra lui-même, augmentent
ses produits , donnent plus d'étendue à ses travaux , et le con-
duisent à un plus haut degré de perfection et de splendeur , en
aggrandissant ses moyens d'exécution dans tous les genres , et en
le mettant à même de donner une représentation chaque jour (1).

Les représentations journalières , en augmentant les recettes ,
permettraient, non-seulement d'accroître considérablement le
nombre des sujets , mais encore d'offrir aux talens de l'Europe

---

(1) L'établissement connu sous le nom des *Menus-Plaisirs* , rétabli d'après
des bases perfectionnées, donnerait aussi à l'Académie impériale de musique
des ressources promptes et économiques , et assurerait en même tems au
Gouvernement des moyens rapides pour les fêtes, que de nouvelles victoires
ou de grands évènemens peuvent commander.

La fête qui a été donnée par MM. les Maréchaux de l'Empire, dans
la salle de l'Opéra le 16 nivose dernier, et dont j'ai dirigé les travaux,
sous les regards du général César Berthier, m'a démontré la nécessité du
rétablissement que je propose des *Menus-Plaisirs*, qui par leur seule existence
éviteraient dans les occasions solemnelles des préparatifs très-longs et des
dépenses extraordinaires, qu'on est forcé de renouveler à chaque fête,
sans utilité et au préjudice du trésor public.

les plus célèbres en tous genres, un traitement assez considérable pour les fixer à l'Opéra.

Dans le cas où notre projet de construction d'une nouvelle
salle pour l'Opéra, obtiendrait l'approbation du Gouvernement,
ce n'est point aux seules théories d'un architecte qu'il faudrait
en confier l'exécution; il est une foule de développemens que
nous nous empresserions de faire connaître. Nous offrons même
de seconder de tous nos moyens ceux qui auraient l'honneur
d'être appelés à élever un monument si digne de la perfection à
laquelle les arts sont parvenus, et qui serait en même tems
le plus beau présent que l'on puisse faire à la capitale d'un
aussi grand empire.

Il est possible, il est même vraisemblable, que les personnes
timides ou peu familiarisées avec les ressources qu'offrent les
arts qui doivent concourir à la confection de ce projet, ou
qui n'auront point médité sur les localités, la possibilité et les
moyens d'exécution, croient ce nouveau plan inexécutable
ou le trouvent gigantesque.

On peut leur répondre par les grands événemens dont nous
venons d'être témoins dans la guerre et dans la politique, et par
les prodiges opérés sous nos yeux.

Jamais aucun peuple ancien ou moderne ne s'est trouvé dans
une position aussi favorable que la nôtre. Héritiers des vastes
connaissances que les Égyptiens, les Grecs et les Romains
nous ont laissées, entourés de leurs chef-d'œuvres, nous devons
les surpasser, ou du moins les égaler dans les arts, comme
nous l'avons déjà fait dans la guerre; et si les peuples qui
peuvent à peine comparer leurs années de succès à quelques-unes
de nos journées de grandeur et de victoire, ont consacré leur
gloire par des monumens immenses et superbes qui ont bravé
l'action du tems; pourquoi le projet que nous présentons, projet
qui réunit au plus grand caractère de magnificence et d'utilité,
l'avantage de n'être point à charge au trésor public, serait-il

M 2

arrêté dans son exécution par quelques objections frivoles, ou par un jugement trop précipité sur les avantages qu'il présente à l'état.

Sous les regards du GRAND NAPOLÉON, les artistes suivront nos guerriers dans la carrière de la gloire! de grands monu-mens contemporains, et garans de cette même gloire, s'éleve-ront de même à la voix auguste d'un héros, pour attester à à une longue suite de siècles, la grandeur du peuple français et celle de son illustre chef.

TABLE.

Fin de la Table.

www.ingramcontent.com/pod-product-compliance
Lightning Source LLC
Chambersburg PA
CBHW070129100426
42744CB00009B/1770